FAIRE PASSER

UN ENTRETIEN

DE RECRUTEMENT

Méthode à l'usage
de tous les managers

Éditions d'Organisation
Groupe Eyrolles
61, bd Saint-Gernain
75240 Paris Cedex 05
www.editions-organisation.com
www.editions-eyrolles.com

Cet ouvrage a fait l'objet d'un reconditionnement
à l'occasion de son troisième tirage (nouvelle couverture).
Le texte reste inchangé par rapport au tirage précédent.

© Groupe Eyrolles, 2002, 2004, pour le texte de la présente édition
© Groupe Eyrolles, 2008, pour la nouvelle présentation
ISBN : 978-2-212-54026-0

Philippe Villemus

FAIRE PASSER UN ENTRETIEN DE RECRUTEMENT

Méthode à l'usage de tous les managers

Deuxième édition

Quatrième tirage 2009

EYROLLES

Éditions d'Organisation

Du même auteur :

Qui est riche ? La vérité sur les riches, les pauvres et les autres..., Eyrolles, 2007.

Rugby, les noces du Soleil et de la Terre, NPL éditeur, 2007.

Le Dieu football. Ses origines, ses rites, ses symboles, Eyrolles, 2006.

Délocalisations : aurons-nous encore des emplois demain ?, Seuil, 2005.

De krach en crise, Seuil, 2004.

J'ai oublié, Desclée de Brouwer, 2004.

Motivez vos équipes : négocier et suivre les objectifs de ses collaborateurs, Éditions d'Organisation, 2004.

Créations commerciales et publicitaires : mode d'emploi, Éditions d'Organisation, 2004.

Les Mensonges de la Bourse, sous le pseudonyme de Vincent Almond, Seuil, 2003.

L'Entreprise audacieuse. Comment acquérir les marchés de demain ?, Éditions d'Organisation, 2001.

L'Organisation de la Coupe du Monde : quelle aventure !, Le Cherche-midi éditeur, 1998.

La Fin des marques ? Vers un retour au produit, Éditions d'Organisation, 1996 – Grand Prix 1996 du livre de management et de stratégie – L'Expansion / Mc Kinsey.

Sommaire

Le mémento du recruteur

Avant-propos

Beaucoup de livres consacrés au management des ressources humaines sont écrits par des professeurs, consultants ou théoriciens. Ils sont certes, parfois, de fins observateurs de la psychologie humaine, mais n'ont pas eu néanmoins la possibilité de mettre directement en application leurs thèses, de vérifier en situation réelle les principes qu'ils décrivent ou d'avoir la responsabilité finale du recrutement des candidats qu'ils proposent ou recommandent.

La conception de cet ouvrage a suivi un cheminement inverse. En effet, ce livre est avant tout le fruit de la pratique du recrutement dans de grandes entreprises.

En tant que directeur général, je suis parti de la pratique, de l'expérience et du vécu du manager. Au cours de ma vie professionnelle, j'ai eu à conduire de nombreux entretiens de recrutement, soit pour mes propres équipes ou celles de mes collaborateurs, soit pour aider d'autres managers à faire leurs choix. J'ai eu aussi à former des collaborateurs aux techniques de l'entretien de recrutement.

J'ai analysé les erreurs et les réussites, ainsi que les comportements et les réactions des différents acteurs (« candidats » et « recruteurs »). D'un côté, il y a ceux qui se « vendent » et de l'autre côté, ceux qui « interrogent », « jugent » et « décident » au cours d'entretiens qui ressemblent, hélas trop souvent, à des affrontements ou à des interrogatoires décousus. J'ai aussi observé les attitudes qui bloquent les entretiens, les pièges inutilement tendus, la pression inopérante, l'imprépa-ration perturbatrice, les questions impertinentes, inutiles et inefficaces, les commentaires « qui tuent », les digressions superflues et autres comportements qui dénotent un clair manque de professionnalisme.

Toutes ces attitudes et tous ces agissements ne permettent pas de choisir avec sérénité et efficacité les meilleurs candidats, ni d'atteindre les objectifs que l'on s'est fixé : élever le niveau des ressources humaines de l'entreprise.

J'ai confronté ce vécu et ces observations du réel avec les principales théories existantes sur le sujet. J'ai aussi entamé une réflexion sur un processus d'entretien de recrutement fondé sur les données disponibles sur le comportement humain et les facteurs de motivation. J'y ai enfin ajouté la formation que j'ai moi-même reçue sur l'art de conduire un entretien de recrutement et l'inspiration qu'ont pu me donner quelques rares « maîtres en recrutement ».

La synthèse de ces quatre composantes m'a fait créer une méthode de recrutement structurée fondée sur la recherche des faits, une démarche à la Sherlock Holmes. Cette méthodologie, que j'espère digne du héros de Sir Arthur Conan Doyle, si elle ne se veut pas infaillible comme tout ce qui touche à l'humain, cherche à être la plus « scientifique » possible, dans le sens où elle a été conçue en suivant une démarche scientifique, c'est-à-dire par allers-retours successifs entre théories et validations expérimentales.

Cette méthode à la « Sherlock Holmes » de l'entretien de recrutement, avec ses idées force et ses techniques de base, constitue une boîte à outils sur la stratégie et la manière de faire passer un entretien de recrutement.

Le langage utilisé dans cet ouvrage ne s'est pas voulu, à dessein, trop technique et hermétique. J'ai essayé de rendre simple ce qui peut paraître complexe si on l'enrobe d'un jargon technocratique qui peut entraîner l'incompréhension chez les non-initiés.

Les dirigeants d'entreprise, qui sont comptables des résultats, des stratégies et des moyens qu'ils définissent, mettent en œuvre, dirigent et animent, manquent souvent de temps, de recul et parfois de lucidité pour formaliser l'enseignement qu'ils tirent de leurs expériences. L'action peut tuer la réflexion. Le contraire est aussi quelquefois vrai.

J'ai consacré quelques soirées, voire quelques nuits, fins de semaine et vacances à coucher sur le papier et à ordonner, classer et synthétiser les observations de mes expériences professionnelles de recrutement afin de les faire partager aux lecteurs.

Je remercie mon épouse de m'avoir supporté, dans les deux sens du terme, dans l'écriture de ce livre.

Je remercie aussi tous les collaborateurs et « maîtres en recrutement » qui ont contribué et qui contribuent par leurs idées, leurs questions, leur intelligence et leurs oppositions, à enrichir chaque jour ma pratique du recrutement.

Je remercie enfin tous les candidats passés, présents et à venir, sans qui rien ne serait possible.

Introduction

Les ressources humaines : le réel avantage compétitif

Et si la performance dans le management des ressources humaines était le seul avantage compétitif décisif ?

Le progrès économique passe avant tout par un progrès dans le management des ressources humaines. On oublie un peu trop vite, sous la pression des chiffres, qui sont comme chacun le sait têtus, que ce sont les hommes et les femmes qui non seulement font fonctionner l'entreprise mais font l'entreprise. De leur motivation, leurs compétences, leur intelligence, leur autonomie au travail et leur efficacité, dépendent les résultats commerciaux et financiers. L'entrepreneur précède l'entreprise. Les hommes précèdent l'organisation.

Dans ce contexte, les ressources humaines constituent un réel avantage compétitif. Le management des hommes et des femmes est le moteur de la croissance économique. Le choix des ressources humaines est donc le choix stratégique le plus essentiel qu'ont à faire tous les managers.

Recruter est une des actions et des décisions majeures des responsables. Une décision fondée sur des mauvaises interprétations tirées d'un entretien peut conduire au recrutement d'un « mauvais » candidat avec des conséquences doublement néfastes pour l'entreprise et l'individu.

L'art du recrutement : une compétence à développer

Et si le recrutement était une compétence comme les autres qu'il s'agissait d'acquérir et de développer ?

Or il y a un paradoxe dans les discours tenus sur le choix des collaborateurs au sein des entreprises. Tous les managers reconnaissent l'impact majeur que peut avoir un bon ou mauvais recrutement. Mais bien peu se donnent les moyens, la stratégie et surtout la méthode pour améliorer leurs choix et réduire l'incertitude qui semble, en apparence seulement, inhérente à tout recrutement.

Tout d'abord, le processus de recrutement n'est pas assez rationnel et laisse trop souvent place à « l'instinct », à « l'intuition » et aux « sentiments », termes abstraits qui masquent, la plupart du temps, l'incompétence, la non-préparation.

Ensuite, les managers ne consacrent pas assez de temps et ne mettent pas toute la concentration et l'énergie nécessaires au recrutement d'un collaborateur, exercice intellectuel reconnu par tous comme étant des plus difficiles, voire hasardeux. Ils manquent fréquemment de méthode car ils refusent de croire que savoir recruter peut devenir une compétence facile à acquérir et que le recrutement, serait-on tenté de s'exclamer, c'est scientifique !

Enfin, le recrutement et l'art de conduire un entretien de recrutement ne sont pas réservés aux directeurs de ressources humaines (DRH) ou autres experts utilisés (chasseurs de têtes, cabinets de recrutement) qui ne sont que des facilitateurs, des filtres, ou, au mieux, des aides à la décision. Au contraire, dans toutes les entreprises, grandes ou petites, la décision finale d'embauche appartient toujours, en dernier ressort, au manager opérationnel concerné. On délègue donc la responsabilité de la conduite de l'entretien puis de la décision à des personnes, les managers, dont ce n'est pas forcément le domaine de compétence privilégié.

Et si la mission de tout manager était de mettre les bonnes personnes aux bons postes ? Juger la compétence des autres, voilà la vraie compétence.

« Il y a quelque chose de plus rare et de plus brillant que la compétence, c'est la compétence pour identifier la compétence... »
Elbert Hubbard.

La vraie compétence, c'est de reconnaître la compétence !

De l'entretien de recrutement avant toute chose...

Si en poésie, comme le pensait Verlaine, c'est « de la musique avant toute chose », en recrutement, il s'agit de « l'entretien avant tout autre méthode. »

Ce livre est donc centré volontairement sur l'entretien individuel de recrutement et non sur les autres moyens pour recruter (tests, entretiens de groupe, présentation devant un jury, etc.). L'entretien de recrutement reste la méthode de recrutement la plus répandue. Tous les managers d'équipe y sont confrontés puisque, sauf cas exceptionnels, la décision finale de recruter leur appartient toujours. Or, les « opérationnels » (contremaître, chef des ventes, directeur marketing, comptable, contrôleur de gestion, chef de rayon, patron de PME, commerçants, etc.) ne sont pas des professionnels du recrutement. Bien souvent, ils ne sont ni formés ni préparés à ce qui est, pour eux aussi, une lourde épreuve. Ils font, en outre, de plus en plus face à des candidats de mieux en mieux préparés. Ces recruteurs occasionnels n'ont alors à leur disposition comme seul outil, ou arme, que l' « intuition » ou le « bon sens ». Or, le bon sens, dont la définition reste floue, ne suffit pas.

L'idée que le soleil, et non la terre, est au centre de notre système va à l'encontre du bon sens et de l'intuition, et elle est contraire à l'interprétation par les sens (les yeux). Cette idée demande beaucoup de courage et d'intelligence et non d'instinct, pour s'imposer à ce que l'on voit, c'est-à-dire le soleil parcourir le ciel. Préféreriez-vous être opéré par un chirurgien qui se fie à son intuition pour trouver l'appendicite dans votre corps, ou à un chirurgien qui a étudié à la faculté de médecine ou dans un livre où se trouve précisément l'appendice à couper ? Assurément au deuxième, surtout s'il a déjà opéré d'autres patients pour le même mal.

Très souvent donc, les opérationnels ne sont pas entraînés à l'entretien. Ils ne consacrent pas le temps de préparation et la mobilisation indispensables à un acte extrêmement complexe qui peut rapporter gros mais qui peut coûter autant. Ils manquent de méthode et se réfugient derrière leur intuition ou leur « expérience ».

▓ L'expérience ne compense pas l'incompétence

Il est anormal de voir des candidats être interviewés et sélectionnés par des managers, parfois managers récents, dont c'est le premier entretien de recrutement, en l'absence de formation et de soutien d'un autre manager compétent en recrutement.

Dans le domaine du recrutement, au moment crucial de l'entretien en particulier, l'expérience ne garantit pas un meilleur choix. L'expérience ne remplace pas la compétence. Il existe des managers et des directeurs qui exercent leur métier depuis plus de vingt ans et qui ont toujours une évaluation hasardeuse des candidats qu'on leur présente (une fois sur deux !), non par manque d'intelligence ou de clairvoyance, mais par manque de formation et de méthode. Certains, bien qu'ils aient eu à choisir de nombreux collaborateurs au cours de leur carrière ont toujours des discours, des réactions ou des choix qui ressemblent à « l'épée de Charlemagne ». Celle-ci avait en effet la réputation d'être longue, lourde et mal aiguisée !

Choisir un candidat, c'est comme le chinois, ça s'apprend. L'expérience ou le niveau hiérarchique ne remplace pas une solide formation. De même qu'on ne s'improvise pas du jour au lendemain ingénieur informaticien capable de choisir entre plusieurs systèmes informatiques, on ne s'improvise pas « juge » d'un candidat du jour au lendemain, même si on est un brillant directeur par ailleurs.

L'expérience va aider la compétence à mieux s'épanouir, mais ne peut compenser l'incompétence. Un joueur de tennis à qui on a donné des bases solides et qui a beaucoup joué sera meilleur qu'un joueur à qui on a donné durant des années seulement des bases sans faire de tournois, ou qu'un joueur qu'on n'a jamais formé et qui n'a fait que des matchs. Une concierge portugaise qui a débarqué en France il y a vingt cinq ans sans aucune base grammaticale ou syntaxique, ou un Portugais qui a appris le français pendant quinze ans à Lisbonne sans jamais mettre les pieds en France, comprendront, parleront, liront et écriront moins bien le français qu'un étudiant portugais qui a appris le français au Portugal pendant cinq ans et qui vit en France depuis cinq ans. La pratique et les bases théoriques multiplient le rendement.

En outre, la formation, l'apprentissage théorique et la compréhension du mécanisme de l'entretien de recrutement réduisent, voire évitent, les erreurs qui mènent aux mauvais choix. Ils permettent à ceux qui feront passer des entretiens de prendre dès le départ les bonnes habitudes comportementales et les bons cheminements intellectuels.

Nous verrons que l'évaluation d'un candidat au cours d'un entretien requiert une vraie compétence professionnelle, que c'est presque un métier en soi. Cette discipline exige une démarche objective et quasi-scientifique, aussi élaborée et rigoureuse que le choix d'un système informatique, qu'un audit comptable, qu'un plan marketing, ou qu'un investissement industriel.

Dans un domaine aussi complexe que les ressources humaines, la sélection doit se faire avec la plus grande objectivité. Car la subjectivité, pourtant de bon aloi, avec ses cohortes de « je ne le sens pas », « je pense que... », « j'ai l'impression que... » nuit à l'efficacité globale et à la sérénité des discussions entre managers au moment de la décision finale.

■ L'entretien de recrutement ne doit pas être une loterie

On entend parfois certains managers, conscients de la difficulté de la mission qu'ils ont à accomplir (choisir les bonnes équipes !), affirmer, sur un ton légèrement désabusé, que le recrutement, après tout, « c'est une chance sur deux ». Si cela est vrai, il vaudrait mieux laisser vraiment au hasard, en jouant à pile ou face par exemple, le soin de sélectionner les futurs collaborateurs parmi les candidats. Ces managers non formés reconnaissent, avec résignation, avoir fait du « feeling » l'outil principal de leur jugement.

Dans l'entreprise, les décisions majeures ne peuvent être laissées au hasard de l'intuition. On ne se fie pas à l'instinct du pilote d'avion pour choisir le bouton du train d'atterrissage. Dans l'entreprise, même quand cela n'est pas toujours complètement possible, on cherche à réduire l'incertitude totale, c'est-à-dire le hasard, par le biais de l'analyse des faits, des chiffres, des études, des tests, des bilans et la mise en place d'objectifs, de stratégies et de moyens nécessaires dans le cadre d'une politique définie au préalable.

L'incertitude du recrutement est un alibi pour tous ceux qui ne préparent pas, ne structurent pas et n'analysent pas les entretiens qu'ils font passer : l'incertitude est un bouc émissaire pour l'utilisateur du « feeling » ou du « coup de tête ».

Les objectifs de ce livre

Insister plus sur le « comment ? » que sur le « quoi ? »

Le but de ce livre est de proposer une méthode simple et opérationnelle qui permette à chaque manager de mieux conduire un entretien de recrutement afin de choisir les meilleurs pour son entreprise et les postes concernés. Sans faire l'impasse sur quelques fondamentaux, cet ouvrage insiste plus sur le « comment ? » que sur le « quoi ? ». Ce qui est important, pour les hommes et les femmes d'entreprise, ce n'est pas de savoir ce qu'il faut faire (choisir le meilleur pour le poste), mais de savoir comment il faut le faire. Tout le monde est convaincu qu'en situation d'entretien, il faut choisir le meilleur candidat en adéquation avec des critères fixés à l'avance. Ce qui compte c'est de savoir comment identifier ce « meilleur » et comment le reconnaître parmi tous les postulants.

Cette attente correspond sans aucun doute à un vrai besoin dans les entreprises, quelle que soit leur taille. Les hommes et les femmes d'entreprises sont pressés et ont besoin de formation pratique et de méthode pragmatique plus que de théories ou de savants, mais hermétiques, exposés stratégiques. Ils cherchent des « recettes » et des « boîtes à outils ».

Or, s'il existe beaucoup de livres à destination des candidats en recherche d'emploi ou des responsables du personnel, rares sont les ouvrages pratiques qui expliquent à tous les opérationnels ou fonctionnels, simples cadres ou managers de haut vol, comment mener un entretien. L'ambition de ce livre est de répondre à cette question.

Aider à mieux choisir parmi les postulants

Ce livre doit aider les responsables dans les entreprises à mieux sélectionner leurs collaborateurs. Les recommandations décrites pourront s'appliquer à n'importe quel type de candidat, pour n'importe quel poste, quel que soit le niveau de responsabilité (du débutant au dirigeant). Elles s'appliquent aussi à toutes les entreprises, quels que soient leur taille (de la grande multinationale à la PME) et leur type d'activité.

Donner une méthode simple, didactique et rapide

Cette méthode permettra, tout d'abord, de préparer le terrain pour un déroulement optimal de l'entretien. Elle créera les bonnes conditions pour des entretiens efficaces. Elle mettra en valeur les éléments qui conduisent à faire le bon choix.

Elle favorisera l'efficacité et la sérénité du debriefing et des discussions de l'après entretien.

Enfin, elle stimulera la meilleure gestion et sélection des ressources humaines de l'entreprise qui, d'après maintes plaquettes et discours officiels, constituent le premier capital des sociétés.

Eviter les erreurs

La méthodologie réduira, en principe, les marges d'erreur d'une discipline, les ressources humaines, qui n'a pas, *a priori*, l'exactitude mathématique. Entre le pur hasard et la parfaite prédiction, elle permettra de positionner le curseur vers le haut.

Elle réduira significativement les erreurs sur le fond : le choix d'un mauvais candidat, ou le rejet d'un bon candidat. Elle éliminera quasi certainement les erreurs de forme : la mauvaise image de l'entreprise laissée par l'interviewer à tous les candidats rejetés suite à un entretien peu professionnel, voire calamiteux.

Justifier ses choix

Dans le monde des affaires, les décisions motivantes ne peuvent être prises sur un mode autoritaire. Le choix des collaborateurs ne peut être le « fait du prince » qui pourrait se permettre de recruter ou rejeter de manière unilatérale et infaillible n'importe quel candidat, sans justification auprès

© Éditions d'Organisation

du service du personnel, parfois des cabinets de recrutement utilisés pour la sélection des candidats, ou des autres managers de l'entreprise qui participent eux aussi aux entretiens.

Au contraire, les raisons et la façon dont on explique ses choix ou ses rejets importent autant que les décisions elles-mêmes. En effet, il faudra bien commenter aux autres parties prenantes du processus de recrutement pourquoi on refuse ou recrute untel plutôt qu'un autre. Le responsable devra démontrer que son évaluation est fiable, objective et sans arrière-pensées.

Il faudra convaincre l'entreprise (supérieurs hiérarchiques, directeur du personnel) ou prestataires de services (chasseurs de tête, conseils en recrutement) du bien-fondé de son jugement et leur donner, dans les cas de refus, des voies pour qu'ils puissent proposer de nouveaux candidats plus performants et en meilleure adéquation avec les objectifs fixés.

Le manager aura donc à justifier ses choix (et presque à se justifier lui-même !).

La cible de ce livre

Ce livre s'adresse à tous ceux qui ont à faire passer des entretiens de recrutement, fréquemment ou occasionnellement, et en particulier ceux qui ne sont pas des spécialistes du recrutement, c'est-à-dire la très vaste majorité des responsables.

Les managers débutants y trouveront des bases et les moyens pour prendre les bonnes habitudes. Les managers expérimentés y trouveront des voies d'amélioration ou de perfectionnement significatives.

Ce livre s'adresse aussi aux dirigeants des entreprises qui, même s'ils n'ont pas de formation en recrutement, ont fatalement, en tant que décideurs, à se prononcer sur les candidatures majeures pour le développement de leur entreprise. Car, en dernier ressort, ce sont eux qui décident et choisissent, même s'ils sont moins préparés et moins formés que leur directeur des ressources humaines. Même s'ils déclarent ne pas avoir besoin de formation car ils se fient soit à leur intuition, soit à leur expérience, soit à leur « sens inné des hommes », soit, dans le pire des cas, à leur « ego ».

Les responsables du personnel ou les personnes travaillant à la direction des ressources humaines, dont bien sûr les recruteurs fonctionnels, trouveront dans les pages qui vont suivre des méthodes pour améliorer leurs compétences et pour former les autres managers de l'entreprise.

Enfin, le livre lèvera un voile à tous ceux qui sont curieux de connaître les arcanes des entretiens de recrutement. Dans les entreprises, beaucoup de salariés qui ne sont pas directement responsables des décisions en matière d'embauche, s'interrogent souvent sur les processus et les méthodes utilisées pour choisir les collaborateurs.

L'entretien de recrutement suscite ses mystères, une certaine fascination et parfois un intérêt jaloux. Il mérite qu'on le désacralise.

Le plan du livre

Si l'on veut enseigner une méthode, il est primordial d'être méthodique dans l'enseignement et d'annoncer un plan structuré.

Dans une première partie, nous définirons l'entretien de recrutement en dévoilant ses mythes et ses réalités. Pourquoi utilise-t-on l'entretien de recrutement ? Pourquoi constitue-t-il un acte de management complexe mais majeur ? Qu'est-ce qu'un bon entretien de recrutement ? Qu'est-ce que ne doit pas être un entretien de recrutement ? Quels sont les différents types d'entretiens ? Quels sont les obstacles au bon déroulement de l'entretien ? Ne peut-on pas inventer un nouveau type d'entretien, plus méthodologique, plus professionnel et plus structuré qui utilise une méthode d'investigation des comportements et des faits, un peu à la manière d'un Sherlock Holmes ?

Dans une deuxième partie, nous exposerons ce que doit faire l'interviewer **avant** l'entretien. Comment se préparer ? Pourquoi est-il indispensable de définir au préalable les attentes et les critères du choix ? Comment préparer le plan de l'entretien et les questions ? Comment utiliser le CV et la lettre de motivation ? Comment se mobiliser pour cette épreuve intellectuelle sophistiquée et décisive ?

Dans une troisième partie, nous détaillerons ce qui doit se passer **pendant** l'entretien. Comment accueillir le candidat ? Comment débuter l'entretien ? Quelles attitudes adopter ? Comment rester maître de la séance ? Quelles règles respecter ? Quelles erreurs éviter ? Quel cheminement suivre ? Quelles questions poser ou ne pas poser ? Comment les poser pour percer la vérité ? Comment évaluer et creuser les compétences réelles d'un individu ? Comment prévoir ses comportements futurs ? Comment prendre des notes ? Que faire du langage non verbal ? Comment conclure l'entretien ?

Enfin, dans une quatrième partie, nous présenterons ce qui doit être fait **après** l'entretien. Comment faire sa synthèse ? Comment piloter la réunion de debriefing avec les autres interviewers ? Comment prendre les décisions ? Comment rendre les discussions plus professionnelles ? Sur quels éléments décider ? Que répondre aux candidats ? Comment s'auto-analyser, s'entraîner et progresser en recrutement ?

À la fin du livre, en annexe, des réponses aux questions de base permettent d'aller plus loin dans les points théoriques évoqués dans la méthode.

L'entretien de recrutement : mythes et réalités

À quoi sert l'entretien de recrutement ?

Parmi toutes les méthodes de recrutement, l'entretien reste la méthode la plus répandue. C'est aussi, quand elle est bien pratiquée, la plus fiable. La quasi-totalité des entreprises ont au moins recours aux entretiens pour recruter leurs collaborateurs.

Tout d'abord, il faut bien rencontrer les candidats en chair et en os. Le futur responsable a besoin de voir, connaître avec qui il va travailler et lui poser des questions.

Ensuite, le candidat, au-delà des informations qu'il peut recueillir par ailleurs, souhaite lui aussi voir les responsables, pour mieux connaître l'entreprise et poser des questions.

Enfin, l'entretien de recrutement est, *a priori*, assez peu coûteux à organiser, préparer et faire passer. Il permet, au minimum, d'approfondir le curriculum vitae et, s'il est mené avec professionnalisme, d'identifier les compétences, le savoir-faire mais aussi les comportements qu'aura le candidat en situation professionnelle au sein de l'entreprise.

« Mieux vaut voir de ses yeux qu'être informé par autrui. »
Proverbe touareg cité par Théodore Monod dans Méharées.

Il est pourtant des entreprises où les responsables, souvent directs, ne rencontrent pas forcément le candidat retenu qui deviendra leur collaborateur. Nous émettons des doutes sur ce procédé. Il est difficile d'imaginer recruter quelqu'un sans l'avoir rencontré. Les managers doivent se sentir responsables aussi du recrutement de leur équipe. Tout d'abord, ils y mettront plus de rigueur et d'attention. Ensuite, une fois qu'ils auront choisi, ils se sentiront responsables de l'intégration et de la réussite de la nouvelle recrue au sein de leur équipe. Enfin le candidat sélectionné se sentira lui-même plus à l'aise au début de son expérience s'il a déjà rencontré son futur chef et s'il sait que celui-ci l'a coopté.

Pourquoi est-ce l'acte le plus important du manager ?

Juger les compétences d'une personne, voilà une tâche bien difficile. Or, à tout moment, de l'embauche à l'évaluation de fin d'année, les managers sont sans cesse confrontés à cette mission. Pris parfois à la légère par certains, l'entretien de recrutement constitue l'un des actes fondamentaux du manager.

En effet, cet acte touche directement aux ressources humaines de la société. Dans un monde qui devient plus complexe, où l'environnement technologique, politique et social change plus rapidement, un des avantages compétitifs clés des entreprises réside dans le niveau des équipes pluridisciplinaires qu'elles recrutent, regroupent et animent pour concevoir, développer et réaliser des projets.

Une erreur, parce que le recrutement a été fondé sur la subjectivité pure ou l'instinct, peut coûter cher à court terme. On évalue le coût d'un mauvais recrutement entre deux et quatre fois le salaire annuel de la nouvelle recrue. Si on recrute un collaborateur avec un salaire annuel de 50 000 euros, charges comprises, il coûtera cinq cent mille euros sur dix ans ou un million d'euros sur vingt ans. Plus le niveau hiérarchique est élevé, plus l'erreur se paie cher.

Il est aussi très coûteux à long terme, car le salarié qui se révèle ne pas correspondre aux standards de l'entreprise, devra tôt ou tard être licencié, avec des coûts inhérents au licenciement. L'erreur de recrutement déstabilise une partie de l'organisation. Les erreurs répétées porteront préjudice aux managers qui les commettent. Elles leur font perdre de la crédibilité, celle qui se juge à l'aune du talent pour s'entourer des meilleurs.

À l'inverse, la capacité à bien choisir ses collaborateurs peut faire gagner de l'argent mais inspire aussi le respect des autres. De plus, elle permet la création d'un vivier de successeurs. Cette capacité témoigne du professionnalisme du manager et de la pertinence de son jugement sur les hommes. Or, ce professionnalisme et ce jugement peuvent s'appliquer non seulement dans le processus de sélection mais aussi dans le coaching quotidien des équipes, et en particulier au moment de l'évaluation des collaborateurs, de leurs performances, de leurs compétences, de leurs forces, de leurs faiblesses et de leur potentiel à évoluer dans l'organisation.

Car, sous beaucoup d'aspects, la capacité à juger un candidat pendant un entretien de recrutement fait appel aux mêmes qualités que celles qui consistent à évaluer le potentiel d'un collaborateur déjà en poste.

Que penser des tests ?

C'est là une question fondamentale qui peut remettre en cause, pour certains, la pertinence même de l'entretien de recrutement. Pourquoi ne pas utiliser tout ou partie de la panoplie variée et sophistiquée des tests pour évaluer et choisir un candidat ? Après tout, certains tests avec leurs méthodologies et leurs caractéristiques sont les fruits des progrès réalisés au XXᵉ siècle dans le domaine des sciences humaines. Beaucoup d'ouvrages théoriques sur le recrutement passent en revue les différents tests existants et expliquent leurs modes d'utilisation, leurs objectifs et leur utilité.

Mais autant le dire tout de suite, nous pensons qu'en dépit de l'efficacité prouvée de certains tests, ils sont dans la plupart des cas incomplets et ne peuvent constituer, au mieux, qu'une aide complémentaire à la décision. En aucun cas, ils ne peuvent se substituer à un entretien circonstancié et au jugement humain qui en découle. Et s'ils peuvent permettre de déceler certains traits de personnalité ou d'intelligence, ils ne peuvent préjuger de l'adéquation entre un poste et une personne.

Certaines de ces méthodes sont pourtant fort louables, comme par exemple les centres d'évaluation (« *assessment centers* » en anglais). Cette méthode, utilisée fréquemment en Grande-Bretagne, consiste à prévoir l'attitude future du candidat en utilisant des simulations comportementales qui mesurent la capacité du postulant à prendre de futures responsabilités. Des situations simulées permettent d'identifier et donc, en théorie, de prévoir les attitudes futures en situation réelle. Mais les centres d'évaluation nécessitent d'avoir des évaluateurs très bien formés.

De même, les tests analogiques, où l'on met le postulant en situation de travail peuvent en effet prévoir l'attitude future en situation réelle. Le test de la corbeille à courrier est un des plus populaires ; le candidat doit réagir par écrit, en deux heures, à un bombardement de notes de services et d'informations. Les recruteurs apprécient alors sa faculté à hiérarchiser les priorités et à prendre des décisions.

D'autres tests sont plus discutables pour évaluer les compétences ou le potentiel d'un individu à intégrer une structure donnée ou un poste défini. On peut citer les tests de motivation, les tests de personnalité ou les tests d'aptitude professionnelle (créativité, raisonnement analogique, compréhension verbale, flexibilité intellectuelle, etc.). On fait aussi parfois écrire aux candidats leur histoire professionnelle (style de management, réussites, échecs, évolution souhaitée, organisation dans laquelle on se sent le mieux). Quant aux stimulations de groupe, elles réunissent six à huit candidats autour d'un projet commun, comme lancer un nouveau pro-

duit ou imaginer un nom pour un site Internet. Les évaluateurs étudient la manière dont ils exposent leurs idées, écoutent les autres ou influencent les décisions du groupe.

D'autres enfin sont, selon nous, à proscrire. Parmi eux, il faut
mentionner les tests projectifs, comme le Rorschach et ses
fameuses taches d'encre, en perte de vitesse aujourd'hui. Les
méthodes projectives permettraient l'exploitation et la
connaissance en profondeur de la personnalité.

Nous condamnons bien sûr la chirographie (qui définit le profil de personnalité à partir des lignes de la main), la morphopsychologie (qui fait la même chose à partir de la forme du
visage) ou l'astrologie.

En conclusion de ce court détour sur les autres méthodes de
recrutement, on peut donc dire que même les techniques de
test louables, outre le fait qu'elles soient coûteuses et réservées
à des mains expertes (ou des cerveaux experts), ne peuvent
remplacer la technique de l'entretien.

Les décisionnaires n'y peuvent donc rien. Ils ne pourront pas
échapper à leurs responsabilités : tests ou pas tests, ils auront
à exercer leur jugement et à choisir leurs futurs collaborateurs.

Ce que l'entretien n'est pas ?

Il faut d'abord, battre en brèche ici un mythe bien installé :
sélectionner un candidat grâce à un entretien de recrutement
ne demande pas de dispositions innées. Ce n'est pas un acte
magique. Un manager qui choisit avec pertinence ses collaborateurs, de manière presque infaillible, n'est pas un génie.
Il n'a pas besoin d'être omniscient. Il n'y a pas, d'un côté,
ceux qui ont un don naturel pour le recrutement et, d'un
autre côté, ceux qui ne sont pas doués. Certains ont tout simplement un meilleur apprentissage que d'autres. A force de
formation et d'entraînement ils sont devenus des Sherlock
Holmes du recrutement.

Il ne faut pas confondre l'entretien d'embauche avec une aimable conversation de salon ou une discussion légère à bâtons rompus.

Il ne faut pas non plus confondre l'entretien avec une pièce de théâtre. Le bureau n'est pas une scène où deux acteurs jouent des rôles qui ne sont pas les leurs et tentent de réciter des questions pour l'un, des réponses pour l'autre, apprises par cœur. Car nul ne connaît le dénouement, et le scénario n'est pas écrit à l'avance. On sait seulement que l'issue de l'entretien (et du debriefing en commun qui aura lieu avec les autres managers) entraîne un choix binaire : oui ou non, on recrute le candidat.

L'entretien ne doit pas être le tribunal de l'Inquisition ou des flagrants délits, où l'on cherche à piéger le candidat par des questions vicieuses, sournoises ou pleines de préjugés du type : « Vous n'aimez donc pas avoir des responsabilités ? » ou « Allez, entre nous, vous ne vous entendiez pas bien avec votre chef ? ». La première question n'est pas neutre, la seconde, faussement complice et pernicieuse. On cherche un responsable, non un coupable !

L'entretien ne doit pas non plus être une séance de « Karcher », c'est-à-dire un entretien sous haute pression. Certaines entreprises, dans les années 80, avaient la réputation d'organiser des séances d'entretien particulièrement musclées à la « Monsieur Propre. » En cherchant à déstabiliser les candidats, elles souhaitaient identifier ceux qui résistaient le mieux au stress ainsi injecté. Leurs concurrents les remercient d'avoir écarté les individus brillants qui refusaient de se prêter à une telle caricature.

L'entretien de recrutement n'est pas une parodie du pouvoir ou un spectacle où le recruteur se met en scène devant un public « uniforme ». Ce n'est pas à l'interviewer de se mettre en valeur. Certes il peut essayer de séduire et de démontrer ses capacités, mais il doit alors le faire par le professionnalisme et la rigueur avec lesquels il conduit l'entretien. Il n'est pas là pour faire son show ou impressionner le candidat.

Enfin, l'entretien de recrutement n'est pas une loterie ou une partie de dés. On ne se fie pas à son instinct ou à son intuition.

D'ailleurs, d'après le Petit Larousse, l'instinct est une « tendance, impulsion souvent irraisonnée qui détermine l'homme dans ses actes, son comportement ». Quant à l'intuition, ce serait la « faculté de prévoir, de deviner ». Demandez donc à un intuitif de prévoir les résultats du loto pour être convaincu de la fiabilité de l'intuition !

Il n'existe pas de « dieu de l'entretien de recrutement » et d'après Einstein, « Dieu ne joue pas aux dés ».

Quelles sont les six vérités sur l'entretien de recrutement ?

Un acte de responsable, par les responsables, pour les responsables

On ne peut être un manager complet sans avoir la compétence de bien choisir ses collaborateurs, et donc de bien savoir conduire un entretien de recrutement.

Une bonne évaluation du candidat impressionne toujours. Les débutants, en particulier, qui sont pris au dépourvu au cours des premiers entretiens qu'ils ont à faire passer, s'étonnent de la capacité qu'a le bon recruteur à poser des questions simples, évidentes mais extrêmement pertinentes et à en tirer des conclusions argumentées, structurées et étayées par des faits, un peu à la manière de Sherlock Holmes mettant en évidence les preuves. Une fois que les recruteurs débutants auront assimilé les techniques et attitudes préconisées dans ce livre, leurs responsables leur apparaîtront moins « surdoués » et redescendront au rang de personnes compétentes et formées. Ils comprendront que savoir bien recruter n'est pas une aptitude innée mais une compétence acquise et enrichie par l'expérience.

L'entretien de recrutement doit donc être un dialogue équilibré qui permette de choisir et de prendre une décision en se fondant sur le plus de faits possibles.

Un engagement

Le choix d'un candidat n'est pas un acte neutre, sans consé-quences. Il constitue un engagement fort pour celui qui l'effectue, et ce à plusieurs niveaux.

Il engage tout d'abord celui qui en prend la responsabilité devant les autres recruteurs (subordonnés, responsables du personnel, supérieurs hiérarchiques, autres managers ou conseils extérieurs). Sa réputation sur le sujet se construira à partir des jugements et des choix qu'il émettra. Le recruteur juge le candidat, mais les autres salariés de l'entreprise jugent aussi le manager sur la qualité de ses jugements.

Le recrutement engage aussi l'entreprise dans son ensemble, puisque certains choix, heureux ou malheureux, auront un impact sur ses résultats. Il engage l'image du recruteur et de la société vis-à-vis de tous les candidats refusés et de tous ses conseils extérieurs.

Un processus intellectuel

Par essence, l'entretien de recrutement est avant tout un pro-cessus intellectuel qui doit respecter une méthodologie pré-cise, un temps de préparation, une déontologie stricte et une grande honnêteté intellectuelle. Ce processus doit se dérouler avec une objectivité maximale et sans *a priori* par rapport aux candidats qui se présentent.

Ce processus doit être rationnel et logique, et doit réduire, voire éliminer, la place faite aux sentiments personnels et aux préjugés. L'évaluateur doit toujours avoir en tête ce pour quoi il recrute. Le jugement porte sur le candidat par rapport aux objectifs et à la cible visée (le profil du poste par exemple).

L'entretien de recrutement est aussi un processus intellectuel relatif. Il ne se fait jamais dans l'absolu. Un candidat n'est jamais bon ou mauvais dans l'absolu. Il peut simplement, si sa candidature est rejetée, ne pas correspondre au profil du poste proposé, ou à la culture de l'entreprise, ou arriver seu-lement derrière un meilleur candidat. Un entretien a donc tou-jours besoin de se référer à un cadre et à des critères. Il doit suivre une méthodologie et non pas s'effectuer au hasard d'une impression.

L'évaluation d'un candidat, avant le debriefing final avec les autres, est le plus souvent un processus intellectuel solitaire. Certes l'évaluation peut se forger à l'issue d'un travail d'équipe et n'exclut pas l'interactivité ou le dialogue avec les autres recruteurs. Mais l'évaluateur décisionnaire, *in fine*, doit rechercher sa propre et intime conviction avant de s'enquérir de celle des autres. En outre, même si l'évaluateur peut partager des opinions et confronter son jugement, il lui faut veiller à ne pas trop élargir le cercle de ses « conseils ».

L'évaluation doit s'effectuer par un nombre restreint de personnes, cinq semblant être le chiffre maximum et trois le chiffre idéal. Au-delà de cinq, la décision s'avérera d'autant plus difficile à prendre que chacun ira de son avis différent ; les discussions seront plus longues à canaliser. Certains participants pourront se révéler de médiocres recruteurs, à l'instinct ; la multiplication des interviewers peut laisser échapper de très bons candidats, si les entretiens n'ont pas de méthodologie et de règles prédéterminées.

Enfin, en matière de recrutement, les avis, comme les promesses, n'engagent que ceux qui les écoutent. La responsabilité ultime de l'embauche ne se délègue jamais. Et si le candidat retenu se révèle être insatisfaisant, ce n'est pas aux conseillers que le directeur général ira demander des comptes.

Les entretiens à plusieurs supposent le partage des mêmes valeurs et d'une méthodologie identique.

Un jugement et une « enquête »

Choisir c'est juger. Or le jugement humain est d'une grande complexité. A l'issue d'un entretien, les opérationnels ont à analyser des données et à se prononcer (à « prendre parti » pour ou contre).

Choisir c'est aussi s'expliquer et se justifier, en donnant des raisons étayées par des arguments, des faits ou des preuves.

L'entretien s'apparente, sous certains aspects, à un entretien d'évaluation, sauf que le recruteur dispose de beaucoup moins d'éléments pour évaluer un candidat qu'un manager pour évaluer son collaborateur. En effet, il n'aura que le CV et surtout les réponses du candidat pour se forger son jugement. Alors qu'un manager dispose de tous les faits et résultats recueillis dans l'année pour évaluer la performance de son salarié. L'entretien de recrutement est donc beaucoup plus complexe que l'évaluation annuelle.

L'interviewer est donc une sorte de Sherlock Holmes ou d'Hercule Poirot. Son but, avant l'entretien, est d'analyser le contexte et le cadre de « l'affaire ». Son objectif, pendant l'entretien, est d'accumuler le plus d'indices et de faits possibles, et surtout de trouver, le cas échéant, des « preuves » : la preuve que le candidat remplira bien les missions du poste et s'adaptera à l'entreprise. Enfin, après l'entretien, sa mission est de choisir, de désigner, non pas le coupable ou l'innocent, mais la personne à embaucher. Cette « enquête » aura d'autant plus de chances d'aboutir qu'elle aura été préparée méticuleusement et qu'elle se fondera sur la recherche de preuves matérielles. Le bon recruteur se transforme donc en « détective », maître de « l'enquête », qui s'appuie sur les faits observés. Toute hypothèse portée sur les compétences ou la personnalité du candidat qui ne serait pas étayée par des arguments tangibles devra être rejetée.

Cela ne veut pas dire que le recruteur, s'il doit être un bon détective, est un policier agressif et répressif. L'entretien de recrutement est à cent mille lieux d'un interrogatoire policier, où le candidat a la lampe dans les yeux, et encore moins, c'est évident, une « séance de torture » (la question de l'Ancien Régime), autrement dit un entretien sous stress ou pression, durant lequel on cherche à piéger le candidat.

Une relation dialectique

L'entretien de recrutement, à la base, est aussi une relation entre deux personnes. Cette relation se veut plus ou moins équilibrée selon que le recruteur a besoin de séduire et convaincre le candidat ou a plusieurs possibilités de choix. Le déséquilibre s'amplifie aussi selon que l'interlocuteur, le candidat, a besoin ou veut absolument le poste ou a déjà d'autres offres par ailleurs.

Cette relation, dont la durée peut aller de vingt minutes à plusieurs heures (mais tourne généralement autour d'une heure), doit aboutir à un choix et une décision avec le plus de faits possibles.

L'entretien de recrutement obéit donc aux lois de la relation et de la communication verbale et non verbale. Il n'échappe pas aux pièges de la première impression, des préjugés, des a *priori*, des « effets de halo », des tensions, des mensonges, de la timidité, du « feed-back », des « boucles de rétroaction », du « métalangage », des blocages, etc.

« La dialectique est une « méthode de raisonnement qui consiste à analyser la réalité, en mettant en évidence les contradictions de celle-ci et à chercher à les dépasser »

Dictionnaire Larousse.

On pourrait dire de l'entretien méthodologique à la Sherlock Holmes qu'il est une méthode de raisonnement qui consiste à analyser la réalité (ce que dit le candidat) en mettant en évidence les faits et parfois les contradictions, et en cherchant à dépasser le contexte particulier de la situation.

La méthode Sherlock Holmes : le contenu et non le contenant

L'entretien de recrutement est forcément une situation exceptionnelle unique (même s'il y a deux entretiens) entre le candidat et son recruteur. En effet, plus jamais elle ne se répétera. Car l'entretien d'évaluation que le candidat recruté pourra avoir avec son supérieur dans le futur, même s'il fait appel à certains mécanismes psychologiques identiques, n'est pas totalement comparable.

Dans un entretien de recrutement, le contenu (ce qui se dit et l'ensemble des faits recueillis par l'interviewer) sera perturbé par le contenant. Le contenant, dans ce contexte, c'est d'abord la situation exceptionnelle du recrutement : le lieu, le bruit, l'état et la mine des deux personnes au moment du rendez-vous, l'habillement, et le look. C'est aussi la façon dont les deux personnes communiquent : le rythme de la voix, le ton, l'élocution, le niveau sonore.

Enfin, le contenant, c'est le type de relation qui s'instaure entre le candidat et le recruteur : la sympathie, l'antipathie, l'empathie, l'agressivité, l'humour, etc. On peut très bien se sentir à l'aise durant un entretien avec quelqu'un et n'être pas fait pour s'entendre avec lui dans une relation quoti-dienne de travail.

Au risque d'en surprendre beaucoup, notre méthode consiste, autant que faire se peut, à ne pas tenir compte du contenant de l'entretien (la forme, les apparences et la façon dont s'est passé l'entretien), mais uniquement du contenu et de la recherche des faits et des preuves des compétences ou des traits de personnalité recherchés.

Bien sûr, il faut le reconnaître, la forme c'est parfois le fond qui remonte à la surface. Mais recruter quelqu'un sur sa faci-lité d'élocution, son sens de l'humour, la manière dont il était vêtu le jour de l'entretien est une erreur. Ce qui ne veut pas dire que l'humour ou la facilité d'élocution ne soient pas des qualités ou des avantages pour réussir.

De même, nous engageons le lecteur à se méfier des approches purement psychologiques ou psychanalytiques au cours de l'entretien de recrutement. Il vaut mieux se concentrer sur le contenu des réponses, le fond du candidat, et rechercher des faits et des preuves (comme Hercule Poirot ou Sherlock Hol-mes) que de fonder son jugement sur les interprétations issues d'une situation artificielle et parfois déséquilibrée. La manière dont s'est déroulé l'entretien et l'interprétation des signaux extérieurs ou psychologiques n'ont que peu d'importance.

L'utilisation de méthodes relevant de la médecine ou de la psy-chologie avancée n'est pas franchement utile dans un entretien de recrutement. En outre, ces méthodes sont réservées à des spécialistes ayant suivi de longues années d'étude, entérinées par de longues années de pratique. Elles sont inappropriées aux opérationnels d'entreprise. L'étude et l'interprétation des mouvements oculaires, des attitudes, des positions et des gestes du candidat au cours de l'entretien requièrent une longue pratique. L'analyse transactionnelle (méthode psychothérapique fondée notamment sur l'idée que les échanges interpersonnels sont fondés sur des relations comparables à des transactions parent–adulte–enfant) ou la programmation neurolinguistique (méthode permettant de comprendre à partir de signaux externes, comportementaux et linguistiques, l'organisation interne et les processus mentaux d'un individu) ne peuvent, en une heure d'entretien, permettre de juger des compétences d'un comptable, d'un apprenti boulanger, d'un informaticien, d'un chef de produit ou d'un maçon.

Durant le premier entretien, le candidat était peut-être anormalement bloqué ou gêné, alors qu'au quatrième il était naturellement ouvert et chaleureux. Un candidat en butte à l'agressivité d'un interviewer provocateur peut accepter de se soumettre durant l'entretien alors qu'en réalité il a démontré durant ses expériences professionnelles une grande autorité à diriger les hommes.

Le contenant ne présage pas du contenu. Le flacon ne fait pas l'ivresse.

Quels sont les différents types d'entretiens ?

Le face à face

L'entretien à deux est de loin la situation la plus courante. Elle met le candidat dans une position de relative égalité. L'expérience prouve que le face à face conduit par un « interviewer Sherlock Holmes », qui a préparé et structuré ses questions, est de loin le plus efficace. Le candidat se sent plus à l'aise et révèle vraiment qui il est.

L'entretien avec plusieurs interviewers (deux en général)

L'entretien peut être mené par deux personnes : le responsable à qui le candidat rendra hiérarchiquement compte et son supérieur hiérarchique, ou le responsable et un membre de la direction des ressources humaines, ou le responsable et un « technicien » ou « expert » qui pourra valider certaines compétences techniques spécifiques (en informatique par exemple). L'entretien à deux permet plus d'écoute et une meilleure prise de notes. Idéalement, le premier interviewer est un spécialiste concentré sur son domaine de compétence et le second un généraliste à l'aise sur la connaissance des affaires et de l'entreprise.

Les entretiens devant un jury plus nombreux (trois, quatre ou cinq personnes) sont, selon nous, à éviter car ils impressionnent inutilement le candidat et ne permettent pas de creuser ou de valider certaines réponses.

L'entretien test de situation

On demande au candidat de résoudre un problème comme s'il était en situation de travail. Nous ne sommes pas favorables à ce type d'entretien car le bureau devient alors une scène de théâtre, où l'on fait jouer un rôle de composition au candidat. Pour valider des compétences, des comportements ou des traits de caractère, nous verrons qu'il existe une autre méthode plus naturelle et efficace, à partir de questions ouvertes, simples et précises.

L'entretien où l'on présente le poste et l'entreprise

Dans ce cas, l'évaluation du candidat doit être séparée du moment où l'on présente le poste et l'entreprise au candidat, si cela n'a pas été fait auparavant.

Nous recommandons de ne pas vraiment tenir compte des questions posées par le candidat sur le poste et l'entreprise. Car elles peuvent avoir été préparées et ne permettent pas de

© Éditions d'Organisation

juger ses compétences. A la limite, elles peuvent renseigner sur ses motivations.

L'entretien en fonction de l'expérience

Le niveau d'expérience du candidat peut faire varier le contenu et le ciblage des questions d'un entretien méthodologique.

Un débutant a forcément moins d'expériences professionnelles à décrire et donc de compétences à faire valoir. Son vécu professionnel étant limité, l'interviewer est obligé de lui poser des questions sur son cursus scolaire, ses stages ou ses activités extra-scolaires. L'entretien avec un débutant est donc plus difficile qu'avec une personne expérimentée, mais il est aussi, en principe, moins risqué pour l'entreprise (salaire et responsabilités moins élevés).

L'interview d'un cadre expérimenté permet de mieux juger les compétences et les comportements passés et réels du postulant.

Le recrutement d'un dirigeant, lui-même habitué à gérer des équipes et à faire passer des entretiens, exige bien sûr encore plus de préparation et de méthodologie. L'entretien doit suivre une trame et des thèmes précis et prédéfinis. L'interrogateur doit s'attacher strictement aux faits et garder en ligne de mire l'objectif visé, c'est-à-dire ce pour quoi il recrute. La conversation à bâtons rompus est à proscrire absolument. Sinon le candidat peut prendre la maîtrise de l'entretien et le mener à sa guise.

Le recrutement d'un candidat pour un poste technique où les perspectives d'évolution sont faibles doit coller à la recherche de compétences techniques, nécessaires pour occuper le poste, et des motivations et des attentes à long terme. Ces candidats sont ce que l'on appelle des « experts » ou « piliers ».

Quels sont les obstacles avant l'entretien de recrutement ?

Le « choc du choix »

Choisir un candidat est un des exercices intellectuels les plus difficiles. Les responsables qui y sont confrontés sans y être préparés, parce que ce n'est pas leur fonction première, subissent une sorte de choc. Ils éprouvent, dans la majorité des cas, un certain malaise à décider rationnellement et ensuite à expliquer leur sélection, quand on leur demande des explications ou des justifications.

Des décideurs pris au dépourvu

Combien d'opérationnels ne se sont-ils pas senti pris au dépourvu en face d'un candidat, ou après la fin de l'entretien, quand, seul « face à leur choix », ils ont à décider ?

La plupart du temps, ils reproduisent plus ou moins maladroitement ce qu'ils ont eu à subir eux-mêmes comme candidat ou ce qu'ils ont vu faire par d'autres. Le problème c'est que lorsque l'exemple vient d'un mauvais recruteur ou d'une personne mal formée ou seulement intuitive, on reproduit des erreurs. Utiliserait-on un bon athlète pour apprendre à jouer au tennis ? Non, on fait appel à un professeur de tennis.

Les responsables opérationnels sont moins préparés que les professionnels du recrutement. Ils sont aussi moins entraînés car ce sont des interviewers occasionnels. Or, si on ne skie pas régulièrement, on n'arrive pas à progresser ou à maintenir un bon niveau. Si on ne la pratique pas, on peut oublier une langue étrangère (surtout pour la deuxième langue étrangère, comme l'allemand ou l'espagnol).

Des candidats de mieux en mieux préparés

Les années de crise et de montée du chômage en sont sans doute la cause, mais les candidats sont de mieux en mieux préparés aux entretiens de recrutement. Un peu comme les étudiants de classe préparatoire qui sont formés aux oraux, désormais les postulants apprennent, lisent et s'entraînent à passer des entretiens. Certains deviennent de vrais « professionnels » qui peuvent faire illusion aux yeux d'un interviewer peu compétent ou occasionnel.

Cette meilleure préparation et ce progrès des candidats, quel que soit le niveau, est flagrant à la lecture des CV ou des lettres de candidature, de motivation comme les nomment les annonces d'offre d'emploi. Aidés par de nombreux ouvrages sur le sujet, articles de presse, magazines spécialisés et par les progrès de la micro-informatique, les CV d'aujourd'hui, n'ont plus rien à voir, sur la forme, avec ceux d'il y a dix ans et sont nettement plus soignés. Certains logiciels de bureautique proposent même, parmi leurs nombreux programmes, des CV standardisés et « prêts à remplir » (prêts à l'emploi !). Les lettres de candidature sont aussi mieux travaillées, de plus en plus dactylographiées (là aussi les programmes proposent des lettres toutes prêtes et formatées). Sur la forme, il n'y a plus grand chose à leur reprocher, sinon leur trop belle sophistication.

Toutes les écoles et les universités proposent à leurs élèves des cours ou des options pour se préparer aux entretiens de recrutement pour les stages ou le premier emploi. L'ANPE, l'APEC et bien sûr les cabinets d'outplacement, proposent aussi des sessions et des conseils détaillés pour aider les postulants à passer l'épreuve, l'examen serait-on tenté de dire, de l'entretien de recrutement.

Dans ce contexte, l'entretien peut devenir une partie inégale entre un candidat « expert », surpréparé, surmotivé pour décrocher le poste, concentré depuis des jours sur son entretien à venir, maître de ses points forts, prêt à dissimuler astucieusement ses points faibles, surinformé sur l'entreprise, voire l'interviewer, et un recruteur non professionnel, qui fait passer deux entretiens par an, coincé entre deux réunions stressantes, souvent débordé et dont les pensées sont occupées par dix autres priorités quotidiennes. Toute ressemblance avec des situations ou des personnages connus serait bien sûr fortuite. Le candidat, en outre, grâce aux sites Internet connaît de mieux en mieux les entreprises pour lesquelles il postule et il lui est aujourd'hui plus facile grâce aux technologies multimédia de trouver des informations sur l'entreprise.

Le manque de préparation de l'interviewer

En face d'un candidat mobilisé pour l'entretien, le recruteur occasionnel, quand il n'est ni formé ni préparé, n'a pas le temps. Il a d'autres soucis à gérer au quotidien. Il a des urgences ou des prétendues priorités, comme cette maudite réunion qui suit l'entretien ou ce sacré rapport à envoyer au chef, et qui accaparent toutes ses pensées aux dépens des réponses que lui fournira le candidat. Celui-ci, souvent malheureux dans ces cas-là, n'est pas dupe du manque de concentration de son interlocuteur.

D'autres poussent la faute jusqu'à se faire déranger pendant l'entretien. Certes, l'interviewer a le « pouvoir » de retenir ou non le candidat. Mais il a aussi le « devoir » de ne pas se tromper, de prendre la bonne décision et de respecter tous les candidats, sans exception, qui se sont déplacés pour venir le voir et répondre à ses questions. Le bon recruteur ne peut maîtriser l'entretien que s'il en connaît les règles.

Certes l'organisation et la préparation d'un entretien méthodologique exigent un minimum d'investissement intellectuel et de temps de la part de plusieurs personnes dans l'entreprise. Mais cet investissement épargnera plus tard du temps et des discussions, voire des conflits inutiles, et favorisera la sélection des plus adéquats.

Certains penseront, résignés et pessimistes, que l'entretien de recrutement n'est pas un exercice de mathématiques et qu'il laisse toujours une part au hasard et que c'est 50/50, une chance sur deux en quelque sorte. Mais l'entreprise ne peut admettre la résignation et le pessimisme. Dans un environnement économique extrêmement compétitif, les dirigeants ne peuvent accepter que la moitié de leurs investissements humains soit gaspillée. Or le recrutement est un investissement au même titre que la construction d'une usine ou d'une nouvelle chaîne de fabrication, il doit aider, à terme, à développer le chiffre d'affaires et le profit.

Comme tout investissement, il doit être planifié, contrôlé, maîtrisé et mesuré, et répondre à des objectifs précis. Quand il s'agit de leur capital humain, les entreprises ne peuvent se contenter d'une imprécision de leur retour sur investissement.

Le piège du « flair »

Beaucoup pensent que les émotions et les sentiments sont des appuis importants pour juger un candidat. On peut donner une liste non exhaustive de mots pour désigner ce flair : « coup de tête », « feeling », intuition, instinct, etc.

Heureusement le choix méthodologique d'un candidat n'est pas le fruit d'un quelconque instinct ou d'une intuition mystérieuse, quasi divine, que certaines personnes talentueuses possèdent et que d'autres n'ont pas. On entend parfois ces commentaires sur tel recruteur : « Il a un flair incroyable » ; « Il a un jugement presque infaillible » ; « Il est doué en recrutement » (sous-entendu, il sait juger les candidats). Ces commentaires sont en partie inexacts. On devrait plutôt dire : « Il a une méthode presque infaillible pour choisir les bons candidats ». « Il sait comment choisir ». « Il a une démarche logique et préparée qui lui permet de mieux choisir que les autres ses collaborateurs ».

Nous ne disons pas, bien sûr, que l'intuition ne peut exister et serait inutile. Nous disons seulement que l'intuition n'est que le dernier déclic qui doit être mis au service de la méthode et de l'intelligence. Les responsables qui choisissent leurs collaborateurs intuitivement courent selon nous beaucoup plus de risques de se tromper que ceux qui suivent un cheminement intellectuel et comportemental logique et tourné vers l'objectif. En outre, les intuitifs éprouvent très souvent de grandes difficultés à expliciter leur choix, à exprimer leurs idées ou à expliquer les raisons de leur sélection ou de leur rejet.

Evidemment, l'intelligence ne constitue pas la panacée. Il n'existe pas non plus de méthode infaillible ou de recette miracle permettant de toujours choisir avec certitude parmi les candidats présentés (on ne peut jamais être sûr du choix que l'on fait). En revanche, l'intelligence alliée à une démarche rationnelle peut réduire les marges d'erreur. Le choix d'un candidat s'apparente, à cet égard, à une partie d'échecs jouée par de grands maîtres. Dans une partie d'échecs entre Karpov et Kasparov, le génie et l'intuition ne s'expriment qu'en dernier ressort après que les maîtres ont assimilé un nombre incroyable d'ouvertures, de positions, de tactiques et de stratégies. Même un grand joueur d'échecs n'est jamais sûr du dernier coup qu'il vient de jouer : il peut toujours se demander s'il n'existait pas un meilleur coup qui le fasse gagner. C'est pour cette raison d'ailleurs que bon nombre de grands joueurs ont des problèmes psychologiques, dus en grande partie à la situation permanente de doute face à l'échiquier, alors qu'ils essayent de viser une perfection quasi mathématique.

Le risque du coup de cœur

Combien de fois n'entend-on pas après le départ des candidats des phrases comme : « j'aime » « j'aime pas », « Il ne m'inspire pas », etc. Même si choisir suppose de l'engagement personnel et ne sied pas à la neutralité, l'objectivité du choix se marie mal avec les coups de foudre et les sentiments très personnels des évaluateurs.

Ainsi, les préoccupations toutes personnelles de celui qui juge ne doivent-elles pas devenir des critères de choix ou un système de références. Par exemple, on connaît de nombreux cas où l'on ne juge pas en fonction du profil du poste, des compétences et de la capacité d'adaptation à l'entreprise mais en fonction de sa propre place dans l'entreprise, de sa hiérarchie, de sa carrière ou de l'ombre éventuelle que telle personne pourrait jeter sur soi-même. Le candidat n'est alors plus jugé en fonction de sa capacité à remplir le poste mais en fonction de motifs inavouables comme ce que l'on croit que la hiérarchie peut penser.

La préparation rigoureuse de certains candidats devrait inciter les responsables à ne pas sélectionner les collaborateurs sur le coup d'un sentiment personnel sans fondement, parfois « les mains dans les poches », en se disant que leur instinct saura bien les guider.

Les décideurs raisonnent trop en terme de « j'aime » ou « je n'aime pas ». Or, personne n'est jamais bon ou mauvais dans l'absolu. Il doit être évalué par rapport à un poste, des missions, un contexte d'entreprise (la fameuse et indescriptible « culture d'entreprise »), et des critères déterminés au préalable (compétences, comportements ou traits de caractère) qui permettront à la nouvelle recrue de s'intégrer, survivre, contribuer au progrès de l'entreprise et progresser.

Le jugement est donc un acte relatif. Mais il ne doit pas être subjectif. Ne confondons pas relativité et subjectivité. L'acte de management essentiel, s'il est subjectif, ne permet pas de choisir sereinement et avec succès les meilleurs collaborateurs ni de convaincre l'entreprise de les recruter.

Or, la réalité montre que beaucoup de choix sont faits sans objectifs définis avec les autres interviewers et sans cadre de référence. Si l'on voulait oser une comparaison, on dirait que l'on doit choisir un candidat comme on choisit sa maison. On choisit sa maison, sauf dans le cas exceptionnel où l'on n'a pas de contraintes financières, en fonction de critères fixés au préalable et partagés avec le conjoint : prix, emplacement, présence ou non d'un jardin, nombre de chambres, etc. Le fameux « coup de cœur » ne vient que parce que tous les critères sont satisfaits et au-delà.

Quels sont les obstacles durant l'entretien ?

Une attention insuffisante portée aux réponses

Les situations de communication entre deux ou plusieurs personnes sont extrêmement riches et complexes. Poser une question pertinente, nous le verrons, ce n'est déjà pas facile. Mais écouter une réponse, c'est bien plus difficile. Or, certains mettent plus d'énergie dans la formulation des questions qu'à l'écoute des réponses.

« Tout problème bien posé est à moitié résolu »
Karl Marx.

Or, il est difficile, en même temps, d'écouter attentivement la réponse à une question, de demander des éclaircissements, de relancer par une question originale si nécessaire, de mémoriser, de chercher les contradictions, de valider certaines affirmations, de maintenir assez de contact visuel, de prendre des notes pertinentes, d'observer la communication corporelle et de transformer en conviction ce que développe le raisonnement (l'intuition pour d'autres ?).

C'est presque un exploit pour un recruteur professionnel ; nous pensons que c'est une tâche impossible pour un interviewer occasionnel. Et ce d'autant plus que certains spécialistes préconisent de rajouter à tous ces défis, l'utilisation de l'analyse transactionnelle, de la programmation neurolinguistique, de l'analyse des postures ou des mouvements oculaires. Ces techniques, déjà discutables en soi pour mesurer l'adéquation entre un candidat et un poste, exigent des années de théorie et de pratique. Il est illusoire de penser que des opérationnels, recruteurs occasionnels, puissent se les approprier et les expérimenter. Nous laissons cela aux idéalistes du management, aux consultants théoriciens, qui multiplient à dessein les méthodes et qui rendent complexe ce qui peut être simple. Pour apprendre à se servir d'un ordinateur personnel, on n'a pas forcément besoin de connaître comment il fonc-

tionne, comment sont fabriqués les circuits et les puces informatiques ou la mémoire centrale, ni de connaître par cœur
tous les détails et les secrets des programmes proposés. Pour
se servir de Windows ou de Word, un apprentissage rapide
de quelques heures suffit. L'utilisateur, même régulier, ne se
servira de toute façon que d'une infime partie des possibilités
offertes par ces logiciels.

Il en va de même pour devenir un recruteur raisonnablement
efficace et compétent, surtout s'il est occasionnel. Nul besoin
de connaître à fond les théories sur la communication, le langage verbal et non verbal, l'analyse transactionnelle, la psychanalyse, etc. Si tel était le cas, cela voudrait dire qu'il est
impossible pour les opérationnels de bien recruter leurs collaborateurs.

Une trop grande attention portée au superficiel

C'est un des péchés principaux des interviewers occasionnels.
Tout d'abord, ils se concentrent sur le contenant. Au lieu de
goûter et regoûter le vin lui-même, ils se contentent de juger
la forme de la bouteille et celle de l'étiquette et de la contre
étiquette. Souvent parce qu'ils ne savent pas exactement ce
qu'ils cherchent.

L'interviewer est influencé par le contexte de l'entretien. Il a
tendance à surpondérer un détail, une attitude, une mimique,
le diplôme, une compétence ou un défaut. Il est victime d'un
syndrome bien connu des spécialistes en communication et
relations interpersonnelles : l'effet de halo. Un seul critère
prend le pas sur tout le reste et influence la globalité des
échanges.

Le phénomène de projection
entre l'interviewer et le candidat

L'interviewer non averti, à des degrés divers, peut être victime
du phénomène de projection. Ce mécanisme psychologique
fréquent conduit à des erreurs de jugement.

Dans les projections, l'interviewer développe des « affinités » avec le candidat et projette sa propre image sur le candidat, en qui il découvrira des points communs avec lui-même. Un recruteur aura tendance à préférer un candidat qui pratique le rugby dans ses loisirs, s'il en est lui-même amateur, ou un candidat qui porte un costume similaire au sien, qui a fait la même Grande Ecole, ou qui a un comportement identique au sien durant l'entretien. A l'inverse, il aura tendance à rejeter un candidat qui collectionne les papillons s'il trouve cette passion infantile et à éliminer le chasseur s'il est contre cette activité.

La recherche d'information théorique et de banalités loin des faits

Les recruteurs occasionnels, qui souvent ne savent pas ce qu'ils cherchent, sont seulement en quête d'une impression générale, globale, comme une sorte de croquis, de dessin aux contours flous, sans rapport avec la réalité pertinente du candidat, que sont ses compétences et ses aptitudes à remplir le poste ou à intégrer l'entreprise. Les questions cherchent davantage à cerner l'intelligence du candidat ou son « moi » caché. Or, il faut le répéter, un entretien permet difficilement d'évaluer l'intelligence en tant que telle. Encore faudrait-il se mettre d'accord sur ce qu'est l'intelligence. Quant au « moi » caché, cela est impossible, et encore là aussi faudrait-il savoir ce qu'est le « moi », ou la personnalité profonde d'un individu ; la psychanalyse pouvant manquer, pour beaucoup, de rigueur scientifique.

Le jeu qui consiste à imaginer ce que le candidat voudrait faire, ou aurait voulu faire par le passé, est périlleux. Imaginer ce que l'on croit qu'il pense aussi. Un individu dans le milieu professionnel se définit davantage par ses actes ou ses dires que par ses pensées.

Le néophyte en recrutement ressent une certaine gêne au moment de choisir quelle question poser, surtout après une quinzaine de minutes. Pour le manager confirmé, cette gêne se masque derrière une apparente confiance et maîtrise de la situation et des questions d'une banalité affligeante ou qui prennent la forme d'un impératif : « Parlez-moi de vous », « Pouvez-vous vous présenter ? », « Quels sont vos défauts ? », etc. Ces interrogations sont souvent entrecoupées d'hésitations ou de silence. Elles traduisent l'absence d'objectifs ou de critères sur lesquels reposera la décision. Les interviewers non formés répètent ça et là les questions non ciblées qu'on a pu leur poser quand ils étaient eux-mêmes candidats. Or, si on n'a pas devant soi une grille d'évaluation contenant des critères, il est difficile de savoir ce que l'on cherche. Inutile de dire qu'au moment de la décision, l'interviewer aura peu d'éléments tangibles à exploiter ou à communiquer aux autres, en dehors d'impressions générales souvent sans fondements.

Quels sont les obstacles après l'entretien ?

Les debriefings « creux »

Il est toujours surprenant de constater la vacuité ou la banalité des discours tenus par les responsables durant les séances de debriefing qui suivent l'entretien. L'objectif de ces situations n'est pas seulement de savoir décider, mais bel et bien de prendre la bonne décision avec de bons arguments.

Les managers sont mal préparés à ces séances où ils devraient, en principe, avoir à justifier leurs décisions de managers par des faits ou des preuves convaincantes et non par des impressions, des intuitions ou leur position hiérarchique (« le fait du prince »). Beaucoup d'entre eux abordent le moment du debriefing sans avoir une idée de leur propre avis.

Les limites de l'entretien

Elles sont inhérentes à la richesse et à la complexité des individus en présence.

Il est indéniable que les postulants qui s'expriment très correctement, dont l'élocution est supérieure à la moyenne, sont favorisés. Surmonter ses préjugés et faire abstraction de la sympathie explicite ou implicite pour une personne peut sembler au-dessus de nos forces intellectuelles et surtout émotionnelles. Or, les émotions sont de puissants biais à l'évaluation objective d'un candidat.

Le rapport déséquilibré entre questionneur et questionné, dans beaucoup de cas, s'il est exagéré à dessein par le recruteur (utilisation de la pression, de l'ironie, mise en infériorité, etc.) dévalorise le candidat, le met moins à l'aise, ne révèle pas ses vraies qualités.

La pression pour pourvoir le poste

La pression pour pourvoir le poste est toujours mauvaise conseillère pour les responsables du recrutement. En effet, recruter le candidat, quels que soient ses faiblesses ou ses manques, peut lui sembler un pis aller par rapport à un poste vacant. C'est la raison pour laquelle nous recommandons de faire interroger le candidat par au moins une autre personne, dont un responsable du personnel, garant de la gestion des carrières à moyen et long terme.

Le syndrome du « repoussoir »

La relativité des candidats entre eux peut aussi perturber l'évaluation objective d'un candidat. Un candidat peut être meilleur que tous les autres, mais ne pas convenir au poste proposé.

Certains cabinets de conseil en recrutement proposent parfois des « repoussoirs » dans leur liste. Un candidat faible met d'autant en valeur un candidat moyen. Les agences de publicité ou de packaging agissent à l'identique quand elles proposent une création toujours médiocre qui rehaussera la valeur des autres maquettes.

© Éditions d'Organisation

« Au pays des aveugles, les borgnes sont rois »
Dicton populaire.

Le responsable n'est pas là pour comparer des candidats mais avant tout pour juger de l'adéquation entre un poste et un individu.

Le recrutement aléatoire

Les décideurs qui interrogent sans préparation ni méthode, mettent en péril leur propre réputation de manager et nuisent, par ricochet, à leur entreprise.

Cette course semée d'embûches aux enjeux considérables justifie un apprentissage, comme on apprend une langue étrangère ou le solfège. Elle demande le suivi d'une méthodologie rigoureuse et un entraînement minimum.

Que propose l'entretien méthodologique à la Sherlock Holmes ?

Avec le panorama que nous venons de dresser de l'entretien de recrutement, il nous paraît prioritaire, pour surmonter les obstacles et les difficultés, de professionnaliser cet entretien et d'inventer une méthode capable d'aider tous les interviewers. Cette méthode devra être simple, facile et rapide à appliquer, mais aussi pertinente et efficace. Ses retombées devront être mesurables. En un mot, elle doit être opérationnelle.

Pourquoi n'existerait-il pas une méthode de recrutement « scientifique » qui garantisse, sinon de ne jamais se tromper, du moins la possibilité de réduire l'incertitude ?

Il existe bien des méthodes pour l'analyse de la valeur, l'audit financier, la négociation commerciale, les techniques d'achat, ou l'estimation de la valeur de l'entreprise. On a mis au point des techniques de vente bien rodées qui enseignent aux commerciaux comment réussir leurs négociations et qui

découpent méthodologiquement et presque scientifiquement
les différentes phases de l'acte de vente. Même en publicité,
domaine que beaucoup de profanes considèrent, à tort,
comme le temple de la subjectivité, les professionnels du marketing utilisent des techniques et des méthodes pour juger les
créations publicitaires[1].

L'entretien que nous prônons dans ce livre a pour but de trouver des comportements, de les identifier, et de les valider par
des faits et des exemples passés pour prédire les comportements futurs. Sherlock Holmes n'est qu'un clin d'œil. L'entretien de recrutement ne doit pas être un interrogatoire policier,
le héros de Conan Doyle n'était d'ailleurs qu'un détective
privé. Cette comparaison signifie seulement que l'interviewer,
tel Sherlock Holmes, est à la recherche d'une « vérité », la
vérité du candidat par rapport au poste proposé. Il enquête
sur l'identification des compétences et des aptitudes. Il reste
objectif et fonde son jugement (son « enquête ») sur des faits
et des preuves. Il mène un examen des comportements, de ce
qui a été fait et de ce qui est spécifique au candidat.

Cette technique d'entretien a recours à des axiomes simples :
le comportement passé et récent est le meilleur révélateur du
comportement futur. Les performances passées sont un bon
indice des performances futures. Le comportement est ce
qu'une personne dit ou fait, ou ne dit pas ou ne fait pas,
quand cela est nécessaire.

L'entretien à la Sherlock Holmes recherche donc de vrais
comportements et compétences, validés par des faits et non
supposés ou interprétés par l'intuition. Un tel entretien dimi-
nue les effets de halo, dus à une force ou une faiblesse trop
flagrante. Il force à évaluer chaque critère. En outre, le niveau
d'exigence ne varie pas selon chaque postulant, car l'évaluation se fait par rapport aux critères du poste et non par rapport aux autres candidats. Les borgnes ne sont donc plus rois
aux royaume des aveugles.

1. Voir à ce sujet, *Comment juger la création publicitaire*, par Philippe Villemus, aux Editions d'Organisation, 1996.

L'entretien méthodologique n'est ni un interrogatoire policier, ni une aimable conversation à bâtons rompus. Il devient
un entretien d'adulte à adulte, pour reprendre un terme de
l'analyse transactionnelle. Le recruteur recherche des faits lui
permettant de prouver les compétences ou les comportements
avancés et affichés par le candidat dans son CV et ses réponses.

Dans son déroulement, il faut bien distinguer :
1. *L'objectif à l'issue de l'entretien :*
   – disposer d'une liste de faits
   – dégager grâce à une analyse basée sur ces éléments les
     forces et les lacunes essentielles de l'individu
2. *Les conditions de réussite de l'entretien :*
   – en le préparant sérieusement
   – en se donnant les moyens de le conduire sereinement
   – en suivant une progression efficace
3. *La collecte des faits*
4. *L'interprétation et la décision*

Certains penseront qu'il est illusoire de vouloir utiliser une
méthodologie pour conduire un entretien de recrutement.
D'autres s'insurgeront contre le maillage serré que renferme
la méthode.

Ces détracteurs de la rigueur font confiance à leur « nez » ou
à leur « expérience » comme ils disent. Très souvent l'ego de
quelques recruteurs occasionnels n'a d'égal que leur incompétence ou leur paresse à vouloir se former et s'améliorer.
Dans quelques cas, rares, heureusement, leur suffisance n'a
d'égale que leur insuffisance.

Le choix d'un bon candidat, il faut le répéter à l'envi, ne peut
être laissé au seul instinct, ou, pour être plus juste, au hasard
d'une impression, d'un sentiment, ou d'une projection personnelle ou au hasard tout court.

Les limites à la démarche que nous allons décrire dans les
chapitres suivants ne sont que celles de notre propre volonté
de progresser et de notre rigueur.

Un manager a droit à l'erreur, pas à l'échec.

*A*vant l'entretien

Se préparer avant l'action

L'acte de juger et choisir ou non un candidat ne doit pas laisser de place à l'improvisation. Il faut préparer et organiser ce processus intellectuel, pour au moins quatre raisons.

Tout d'abord, « on n'est pas des génies ». On ne peut espérer affronter une situation relationnelle hautement complexe, sans un minimum de préparation. Il en est d'ailleurs de même dans beaucoup de situations en entreprise : avant un discours devant un auditoire bien garni, avant un exposé devant sa hiérarchie, avant une communication devant ses collaborateurs, avant un entretien d'évaluation, avant un comité d'entreprise, etc.

Ensuite, les candidats, pour la plupart, sont souvent de mieux en mieux préparés eux-mêmes. Ils sont rodés aux entretiens, ont étudié l'entreprise et vont parfois jusqu'à prendre des renseignements sur le recruteur en personne. L'enjeu du recrutement exige une mobilisation de l'interviewer.

Un entretien a une durée comprise entre trente et soixante minutes, une heure semblant être la bonne durée pour prendre de bonnes décisions. Moins d'une heure c'est donc court pour identifier des compétences et juger d'une adéquation à un poste ou une entreprise. Pas question donc, dans ce laps de temps réduit, de partir à la hussarde et de se lancer dans la partie au hasard de ses humeurs. L'interviewer n'a pas droit aux questions oiseuses. Il ne peut pas espérer percer les secrets de la nature humaine qu'il a devant lui. La préparation va aider à cerner les compétences et les qualités requises pour le poste. L'interviewer sélectionnera les questions pour identifier ces critères durant le laps de temps imparti ; il tracera une trame et une ligne de conduite lui permettant de garder la maîtrise de l'entretien.

Enfin, comme avant tout grand rendez-vous, examen ou match de football, la préparation donne confiance au recruteur, surtout quand il s'agit de recruter des candidats expérimentés déjà managers. Paradoxalement, l'entretien se déroulera d'autant mieux que les deux interlocuteurs l'auront préparé.

Définir le poste, les missions et les domaines de contribution

Un des préalables à l'entretien est la définition du poste et des missions à remplir par le futur collaborateur. L'interviewer doit savoir avec précision ce pour quoi il recrute.

La connaissance parfaite du poste constituera un avantage décisif pour le recruteur : le poste, ses objectifs, les moyens attribués, le positionnement dans l'organigramme, les liens avec les autres services, etc. Ne serait-ce que pour répondre aux éventuelles questions du candidat, mais surtout pour déduire, de la définition de poste, le profil de la personne recherchée.

Il n'est pas dans l'objet de ce livre d'expliquer en détail comment définir un poste, mais rappelons qu'une définition de poste doit répondre aux questions suivantes :

Qui ? : quelles sont les personnes directement ou indirectement concernées par la mission (collaborateurs directs/indirects, nombre, profil, compétences, responsabilités des différents personnels, etc.).

Quoi ? : définition du projet même ou des objectifs à atteindre (profit, CA, nombre d'unités à produire, taux de service, etc.). Responsabilités du poste, liste des tâches à accomplir.

Où ? : voyages, déplacements sur le terrain, etc.

Comment ? : ensemble des moyens mis à la disposition du collaborateur.

Quand ? : délai, planning de réalisation.

Pourquoi ? : explication crédible des enjeux de la mission, de son
impact sur l'entreprise et de ses objectifs.

Il faut signaler qu'à l'avenir, l'activité des entreprises et le
travail se définiront moins par des tâches à accomplir, des
horaires à respecter et une fonction à occuper que par un
projet à réaliser. Car comme on le sait, si on donne une fonction à quelqu'un il deviendra un « fonctionnaire », si on lui
donne une mission, il deviendra un « missionnaire », si on lui
donne une prime, il deviendra un « chasseur de primes ».

En phase d'hyperconcurrence, la définition d'objectifs uniquement quantitatifs ne suffit plus à mobiliser les collaborateurs.
Ces derniers ont aussi besoin de savoir où ils vont et où va
l'entreprise pour laquelle ils donnent le plus clair de leur
temps.

Il faudrait aussi insister sur les moyens de mesure qui servent
à évaluer les résultats du salarié. Fixer les objectifs d'un collaborateur c'est bien, définir les moyens de mesure et les critères d'évaluation, c'est encore mieux.

Déterminer les compétences et les aptitudes nécessaires

La définition du poste, de la mission ou du projet ne suffisent
pas pour l'entretien. Elle doit être traduite en compétences et
aptitudes afin d'orienter le choix des questions à poser et la
recherche des informations. La compétence c'est la compétence à occuper un emploi, ce que d'aucuns nomment
« l'employabilité ».

La détermination des compétences et aptitudes requises pour
le poste peut tenir compte de la culture (ou du climat) de
l'entreprise si celle-ci est très particulière et requiert des qua-

lités psychologiques ou comportementales spéciales pour une bonne adaptation. Par exemple, la résistance au stress dans les sociétés pratiquant un management fondé sur la pression permanente ; la capacité à supporter ou gérer les conflits pour celles où, malheureusement, l'agressivité est monnaie courante ; l'excellence du relationnel dans les organisations favorisant la convivialité des relations humaines, etc.

Pour les petites entreprises, le profil de la personne recherchée sera, de plus, en adéquation avec la personnalité du chef d'entreprise, surtout si celui-ci est le patron propriétaire.

Certains professionnels recommandent d'user de la complémentarité entre le patron et son collaborateur. C'est certainement vrai dans des structures réduites ou pour des projets longs, car dans la plupart des entreprises, au cours de leur carrière, les collaborateurs sont amenés à changer plusieurs fois de chef.

« À vieux chasseur, il faut jeune chien, à jeune chasseur, il faut vieux chien »

Proverbe.

Plus que de complémentarité, il vaudrait mieux parler d'hétérogénéité ou diversité des profils. La diversité est source de richesse et de créativité. A l'inverse, la monotonie, c'est la mort.

La liste des compétences et des aptitudes sera aussi précise que possible, mais restreinte. Chaque compétence ou aptitude devra être, si possible, décrite de manière détaillée. Les compétences et les aptitudes varient bien sûr en fonction des postes, des entreprises, mais aussi du niveau hiérarchique. Globalement, pour faciliter le choix, nous proposons de distinguer quatre types d'aptitudes ou compétences, en dehors des compétences techniques et du potentiel. Certaines (notées A) sont probablement nécessaires pour la plupart des postes. D'autres (notées B) sont probablement nécessaires pour les postes d'encadrement.

Les aptitudes individuelles

flexibilité
aptitude à modifier son approche ou ses méthodes en fonction de l'objectif visé.

adaptabilité (A)
aptitude à rester efficace quels que soient les changements de mission, de responsabilité, d'interlocuteur ou d'environnement ; aptitude à s'accommoder assez facilement aux nouveaux outils, aux nouvelles méthodes ou aux changements.

ténacité
aptitude à persévérer pour atteindre un objectif.

indépendance
aptitude à fonder son action sur sa conviction plutôt que sur le désir de plaire ; aptitude à remettre en question la « ligne du parti ».

capacité à prendre des risques
aptitude à mesurer des risques calculés pour atteindre des objectifs identifiés.

décision (A)
aptitude à prendre des décisions, à exercer son jugement et mener des actions.

tolérance à la pression (A)
aptitude à rester performant dans des situations difficiles.

Les aptitudes relationnelles

capacité à se faire accepter (B)
style personnel n'irritant pas les autres ; aptitude à rester toujours maître de soi et à avoir une influence favorable sur les autres.

capacité à communiquer oralement (A)
aptitude à s'exprimer efficacement vis-à-vis d'individus ou de groupes.

capacité à travailler en équipe (A)
aptitude à travailler efficacement avec les autres ; volonté de participer en tant que membre à un groupe dont on n'est pas nécessairement leader ; capacité à contribuer effectivement, même si le résultat n'est pas d'un intérêt direct pour soi.

capacité à persuader (B)
aptitude à présenter des faits ou des idées de façon claire et convaincante ; parvenir à convaincre les autres de la validité de son point de vue, obtenir leur accord.

sensibilité entre individus	aptitude à tenir compte des sensibilités et des besoins des autres.
écoute (B)	aptitude à discerner ce qui est important dans ce que dit l'interlocuteur.

Les aptitudes à l'encadrement

planification et organisation (B)	aptitude à ordonnancer le travail (des autres ou de soi-même) pour atteindre les objectifs.
délégation (B)	aptitude à faire exécuter et à décider quand on peut déléguer, et à qui.
contrôle (B)	aptitude à savoir quand il faut contrôler les actions ou les personnes, et à exercer ce contrôle.
leadership	voir le potentiel ci-après.
développement des collaborateurs (B)	aptitude à développer les compétences et le savoir-faire des collaborateurs par le coaching.

Les aptitudes mentales

analyse des problèmes (A)	aptitude à identifier les problèmes, à rechercher les données et informations pertinentes.
créativité	aptitude à imaginer des solutions, à innover, à avoir des idées différentes.
jugement	aptitude à évaluer des données, de manière impartiale et relationnelle.
capacité d'apprendre	assimilation et application des nouveautés.
implication	aptitude à accomplir des efforts supérieurs à la moyenne, même si ce n'est pas pour y trouver un avantage personnel.
énergie	aptitude à « travailler dur » avec dynamisme et résistance.
initiative	aptitude à influencer plutôt que subir les événements ; à repérer et exploiter les opportunités.

Les compétences techniques

Outre les aptitudes définies ci-dessus, chaque poste peut requérir des compétences techniques spécifiques qui vont du plus simple (le permis de conduire) au plus complexe ou particulier : connaissance de l'allemand, compétences commerciales (aptitude à négocier, etc.), compétences financières (connaissance du bilan, de l'audit, etc.), brevet d'électricien, etc.

Le potentiel

L'entretien de recrutement, dans la majorité des cas, sert à évaluer l'adéquation entre un poste donné et un candidat. Mais il peut aussi avoir pour but d'évaluer le potentiel du candidat. Qu'est-ce que le potentiel, terme abscons souvent utilisé dans l'entreprise ? Le potentiel professionnel d'un individu est sa capacité à évoluer au sein d'une entreprise, à être promu et à prendre davantage de responsabilités et à devenir manager voir dirigeant. Pour plus de détails sur ce qu'est le potentiel et les facteurs pouvant l'influencer, voir en annexe la question 1. L'expérience montre qu'on peut distinguer les cinq critères permettant, sinon d'évaluer avec précision, au moins de cerner le potentiel d'un individu, il s'agit du leadership, de l'imagination, du recul, des capacités d'analyse et de synthèse, et enfin du sens des réalités (voir en annexe la question 2).

Etablir les critères de choix

Le recruteur Sherlock Holmes doit choisir un certain nombre de critères grâce auxquels il va évaluer les candidats et identifier leurs forces et leurs faiblesses.

Les critères sélectionnés servent non pas à juger le candidat en tant que tel mais bel et bien son adéquation au poste. Le jugement d'un candidat est toujours relatif à une grille d'évaluation. C'est la relativité du jugement que l'on porte sur une personne qui crée souvent l'ambiguïté sur les résultats des entretiens aux yeux de certains candidats.

Le recruteur Sherlock Holmes ne doit pas s'attendre à ce qu'un candidat excelle sur tous les critères. Même les personnes les plus performantes ont des lacunes, bien que celles-ci soient compensées par des qualités remarquables. Faire ressortir les points forts ou les points faibles sera plus utile que d'insister sur une performance acceptable sur l'ensemble des critères. Mais il peut exister des critères éliminatoires que le candidat doit posséder absolument pour être embauché : la pratique courante de l'anglais, des connaissances poussées en informatique, la connaissance approfondie d'un pays pour la prospection, etc.

Dans cette phase, il s'agit aussi d'éviter des critères contradictoires entre eux comme « l'esprit d'entreprise » et le goût poussé pour « l'indépendance » avec « la capacité à s'intégrer dans l'équipe ». Il est bon de formaliser par écrit les critères de choix qui serviront de contraintes et de cadre à l'entretien. Ils permettront de juger plusieurs niveaux d'adéquation :

- l'adéquation au poste
- l'adéquation à la culture de l'entreprise
- l'adéquation au supérieur hiérarchique (à manier avec prudence).

Parmi les aptitudes, on peut mentionner celles qui sont prioritaires pour des postes particuliers : par exemple, la tolérance à la pression (parmi les aptitudes individuelles), la capacité à communiquer oralement (parmi les aptitudes relationnelles), le leadership (parmi les aptitudes à l'encadrement), la créativité (parmi les aptitudes mentales), l'anglais courant (parmi les compétences techniques).

Reconnaître la difficulté à identifier certains critères

L'intelligence

L'intelligence n'est pas à proprement parler un critère de choix, dans la mesure où un simple entretien ne suffit pas à la mesurer. Encore faudrait-il pouvoir tomber d'accord sur ce qu'est concrètement l'intelligence. La capacité à résoudre les problèmes ? La rapidité de compréhension, de pensée et d'action ? Est-ce que l'intelligence consiste à ne pas faire deux fois la même erreur ? Est-ce la capacité à s'adapter ?

« L'intelligence, c'est l'imprévisible »
Michel Serres.

« L'intelligence, c'est ce que mesurent les tests »
Alfred Binet.

« L'intelligence, ce n'est pas seulement ce que mesurent les tests, c'est aussi ce qui leur échappe »
Egdar Morin dans
La Connaissance de la connaissance.

La motivation

Quant à la motivation ou l'intérêt du travail (voir en annexe question 5), elle est difficile à évaluer dans un entretien. Les réponses données par le candidat seront à interpréter avec prudence car tout candidat qui veut le poste a intérêt à paraître motivé. Entre le paraître et l'être, un seul entretien ne suffit pas, hélas, à faire la différence.

> *« Si tu réussis à paraître devant les autres ce que tu souhaiterais être, c'est tout ce que peuvent exiger de toi les juges de ce monde »*
> **Hannah Arendt, *Essai sur la révolution*.**

L'autonomie

Avec l'intelligence et la motivation, l'autonomie est le troisième critère difficile à évaluer dans un entretien de recrutement, surtout si on n'applique pas une méthodologie Sherlock Holmes très rigoureuse (voir en annexe question 6).

Seuls les recruteurs formés et expérimentés peuvent mesurer le degré d'autonomie d'un candidat.

Préciser les caractéristiques des critères de choix

La liste des critères choisis doit respecter quelques règles simples. Tout d'abord, ils doivent être peu nombreux : dix est le grand maximum, cinq un nombre idéal. Au-delà de six, il faudra les répartir entre plusieurs interviewers qui se concentreront sur l'identification de cinq critères seulement chacun. Ensuite, ils doivent être mesurables, ou identifiables par des faits concrets et des expériences vécues. Enfin, ils seront cohérents entre eux et non contradictoires.

Par exemple, si l'on veut recruter un vendeur pour une entreprise très exigeante sur les résultats, les critères seront :

1. *Tolérance à la pression* : aptitude à conserver ses performances sous pression et malgré les oppositions.
2. *Capacité à persuader* : capacité à présenter des faits ou des actes de façon claire et convaincante ; parvenir à convaincre les autres de son point de vue, obtenir leur accord sur ses plans, ses activités ou ses résultats.
3. *Capacité à communiquer oralement* : capacité à s'exprimer efficacement auprès d'individus ou de groupes.
4. *Ténacité* : aptitude à s'attaquer à un problème ou à maintenir une ligne de pensée jusqu'à atteindre l'objectif ; persévérance.

5. *Energie* : capacité à maintenir un niveau d'activité appropriée, à « travailler dur », avec dynamisme et résistance.
6. *Capacité à négocier* : capacité à finaliser les ventes, à saisir ce qui est important dans ce que dit son interlocuteur. L'attitude générale et le type de questions montrent une écoute active.
7. *Mobilité géographique*

Préparer les questions pour chaque critère

Pour faciliter l'entretien, il faut aussi préparer les questions qui vont permettre de chercher les faits prouvant que le candidat possède ou non la compétence recherchée.

Pour reprendre l'exemple de notre vendeur :

Critère	Définition	Questions
Tolérance à la pression	voir ci-dessus	– Dans quelles conditions travaillez-vous avec le plus d'efficacité ? – Quelle est la situation où vous avez été le plus stressé au cours des douze derniers mois. Comment vous en êtes-vous sorti ? – Quand avez-vous perdu votre contrôle dans les six derniers mois ? Pourquoi ? Quelles ont été les conséquences ? – Parlez-moi de votre dernière vente manquée. Comment avez-vous réagi ? Qu'avez-vous fait ? etc.
Capacité à persuader		– Comment avez-vous réussi à vendre une grande idée dans cette fonction ? – Pourquoi le client l'a-t-il achetée ? – Dans quelle situation n'avez-vous pas réussi à faire passer une idée (ou un projet important ?) – etc.

Critère	Définition	Questions
Ténacité		– Quel est le problème le plus important que vous ayez eu à résoudre durant cette période ? – Comment l'avez-vous résolu ? – Pourquoi avez-vous démissionné ? – Parlez-moi d'une situation où vous avez dû travailler ou vous battre plus que d'habitude. – Quelle est la période la plus difficile que vous ayez eu à vivre dans ce poste (dans ce stage, à l'école, dans votre dernière fonction) ? Pourquoi ? Comment vous en êtes-vous sorti ? Avez quels résultats ? – Dans quelle situation n'avez-vous pas réussi à convaincre votre hiérarchie ? Pourquoi ? Qu'avez-vous fait ensuite ? Quelles ont été les conséquences ? – Quand vous est-il arrivé d'être trop têtu ? Pourquoi ? Quelles ont été les réactions de votre entourage ? Qu'avez-vous fait pour vous tirer d'affaire ? Quels ont été les résultats ? – Pour quelle raison n'avez-vous pas lancé ce projet ? – etc.
Energie		– Quand êtes-vous fatigué ? Pourquoi ? – Quelles sont les missions que vous trouvez les plus éprouvantes ? Comment faites-vous pour les réaliser ? – Quelles sont les tâches que vous n'aimez pas faire dans votre travail actuel ? – Quelles sont vos activités extraprofessionnelles ? – Vous est-il arrivé de ne pas terminer un projet au cours des douze derniers mois ? Pourquoi ? Que s'est-il passé ensuite ? – Qu'est-ce qui vous paraît inutile dans ce que vous demande de faire votre chef ou l'entreprise ? – etc.

© Éditions d'Organisation

Critère	Définition	Questions
Capacité à négocier		– Racontez-moi votre dernière grande négociation. – Racontez-moi votre meilleure négociation. – Racontez-moi une négociation ratée (difficile). – Comment vous y êtes-vous pris ? – Qu'avez-vous fait de bien ? Pourquoi ? – Qu'avez-vous fait de mal ? Pourquoi ?
Mobilité géographique		– Pourquoi n'avez-vous jamais déménagé ? – Racontez-moi votre dernier déménagement. – Comment vous êtes-vous organisé ? – Quelle a été la plus grande difficulté ? – Comment l'avez-vous surmontée ? – Si c'était à refaire que referiez-vous ? – etc.

Les questions ciblées autour d'un critère donné ne doivent pas laisser deviner au candidat, quelle est la « qualité » sur laquelle on l'interroge.

Voici une liste non exhaustive de questions sur quelques critères majeurs

Critère	Définition	Questions
Leadership	voir ci-dessus	– Quels sont les trois objectifs que vous avez fixés à votre équipe cette année ? – Comment les avez-vous définis ? – Comment aidez-vous les membres les plus faibles de votre équipe ? – Comment organisez-vous le travail de votre équipe ? (Fréquence des réunions ?) – Quelle a été votre contribution la plus importante dans ce poste ? – De quoi êtes-vous le plus fier durant cette période ? – Pourquoi avez-vous été promu ? – Vous est-il arrivé de promouvoir quelqu'un ?

Critère	Définition	Questions
		– Vous est-il arrivé de licencier quelqu'un ? Pourquoi ? Comment vous y êtes-vous pris ? Quels ont été les résultats ? – etc.
Capacité à communiquer oralement		– Racontez-moi votre dernière présentation en public. – Avez-vous déjà eu l'occasion de faire des conférences ? – Le faites-vous régulièrement ? A quelle occasion ? – Racontez-moi votre dernière prestation. – Que voudriez-vous améliorer ? – etc.
Capacité à travailler en équipe		– Parlez-moi d'un travail d'équipe qui vous a particulièrement marqué. Pourquoi ? Quel a été votre rôle ? – Que devez-vous aux autres dans vos performances actuelles ? – Comment vous y prenez-vous pour faire travailler les autres ? – Parlez-moi d'une situation où vous avez aidé les autres. – Quel est le dernier projet auquel vous ayez participé sans être le chef ? Quelle a été votre contribution ? – Avez-vous du travail solitaire à faire ? – etc.
Créativité		– Quelle est la dernière situation où vous pensez avoir été très créatif ? – Quel est le plus grand changement que vous ayez mis en place dans votre entreprise ? – Parlez-moi d'une chose très différente que vous avez faite dans votre dernière fonction. – Quelle est l'idée la plus créative que vous avez concrétisée ? – Avez-vous déjà lancé un nouveau produit ? Pourquoi ? Comment ? Qui a eu l'idée ? – Parlez-moi d'une situation où vous avez refusé une idée nouvelle d'un de vos collaborateurs ? Pourquoi l'avez-vous refusée ? Que s'est-il passé ? – etc.

S'approprier le CV (et la lettre de motivation)

La lecture rapide du CV, ou de la lettre de motivation ne suffit pas pour engager un entretien méthodologique. Les comportements fréquents, décrits ci-dessous, sont à proscrire absolument :

- « Bon, asseyez-vous, alors, excusez-moi, je n'ai pas eu le temps de lire votre CV. »
- « Alors, attendez... que je lise votre CV... voyons voir... » (en parcourant le CV devant le candidat silencieux). »
- « Comme je n'ai pas lu votre CV, pouvez-vous me raconter votre parcours professionnel ? ».

Autant l'écrire, cette attitude frise l'insolence, voire l'insulte. En effet, elle signifie que l'interviewer n'a rien préparé et ne connaît pas son « dossier » ou « l'affaire » pour reprendre un terme de détective. Plus qu'une lecture superficielle, le CV exige une lecture approfondie. L'interviewer doit le connaître à fond, presque par cœur, avant l'entretien. Dans l'idéal, il devrait ne pas avoir à le relire au cours de l'entretien.

L'analyse du CV l'autorise à choisir des thèmes particuliers pour l'entretien. Ces thèmes correspondent le mieux à l'identification des critères à rechercher. Par exemple, si le recruteur cherche une personne qui aime le risque, il l'interrogera sur sa passion pour l'alpinisme ou ce stage effectué en Corée. Pour juger de sa créativité, il le questionnera sur son passage au service nouveaux produits. L'adaptabilité sera évaluée en interrogeant le candidat sur ses premiers mois d'intégration dans sa dernière entreprise ou dans ses nouvelles fonctions. Il identifiera les étapes importantes de son parcours en pondérant différemment :

- *les études, la formation ;*
- *l'expérience professionnelle ;*
- *les centres d'intérêt, les activités extra-professionnelles ;*
- *les aptitudes mentionnées dans le CV ou la lettre de motivation.*
  Si le candidat a mis en avant dans son courrier son sens de l'organisation, on lui demandera des exemples concrets démontrant cette qualité.

Prévoir une fiche d'entretien

Cette fiche d'entretien servira de guide à l'interviewer en fixant les critères à identifier (cinq à six par interviewer) ainsi que les thèmes du CV sur lesquels on va interroger le candidat. La fiche d'entretien précisera l'ordre des sujets choisis. Pour les premiers entretiens, on peut aussi écrire *in extenso* la phrase d'introduction et les principales questions à poser.

Par exemple, si on veut juger les quatre critères : décision, esprit d'équipe, initiative et communication, l'interrogation portera sur les thèmes formations/études et poste actuel avec les questions notées ci-dessous :

formation
- Pourquoi avez-vous choisi ce cursus d'études ?
- Quels étaient les cours que vous avez le plus aimés ?
- Quelle est l'initiative majeure que vous ayez prise ?
- Quel est le problème le plus difficile que vous ayez eu à résoudre ?
- etc.

poste actuel
- Pourquoi avez-vous choisi le travail que vous faites actuellement ?
- Racontez-moi une expérience vécue de travail en équipe.
- Quelles sont les conclusions que vous en avez tirées ?
- Quel rôle avez-vous joué ?
- Quels sont les avantages et les inconvénients que vous avez pu identifier dans le travail en équipe tel que vous l'avez vécu ?
- Quel sont les éléments qui, dans votre expérience, ont favorisé le travail de groupe ? Quels ont été les obstacles à ce travail de groupe ? Comment les avez-vous surmontés ?
- Pouvez-vous me dire quelle grande initiative vous avez eu l'occasion d'entreprendre au cours de cette année ?

Etudes et poste actuel sur le critère communication
- Décrivez-moi la dernière présentation que vous avez été amené à faire.
- Qu'y avait-il de positif ?
- Qu'est-ce qui n'était pas bon ?
- Quels ont été les résultats ?

FICHE D'ENTRETIEN

préparé par : _____

candidat : _____

date : _____

THÈMES	CRITÈRES			
	Initiative	Communication	Décision	Esprit d'équipe
1. Etudes	X	X	X	
2. Poste actuel	X	X	X	
3. Rugby				X

1. Phrase d'introduction :

_____

_____

_____

2. Principales questions :

  – _____

  – _____

  – _____

  – _____

  – _____

Jugement sur   initiative   oui   non   ? (ou note de 1 à 5)

                communication   -   -   -

                décision   -   -   -

                esprit d'équipe -   -   -

Décision sur recrutement : oui non

Raisons (faits principaux) de cette décision :

  – _____

  – _____

  – _____

  – _____

  – _____

Etudes et poste actuel sur le critère décision

> – Quels étaient les choix que vous ayez eus à faire
> après le baccalauréat ?
> – Pourquoi la décision était-elle la bonne ?
> – etc.

On pourrait ajouter, sur le thème de l'activité rugby, le critère esprit d'équipe, en fonction du CV du candidat.

La préparation, répétons-le, a pour but, aussi, de donner confiance au recruteur. Il faut donc s'assurer que l'on dispose des éléments nécessaires pour préparer l'entretien :

– tout d'abord, les références à l'entretien lui-même : la définition du poste avec la description des tâches et les domaines de contribution ;
– ensuite, le CV et la lettre de motivation ;
– enfin, la fiche d'entretien avec les critères à identifier, les thèmes à aborder, le déroulé de l'action et les principales questions à poser.

Plus le cadre et les contraintes seront fixés, plus efficace sera l'entretien et plus pertinente sera la décision.

S'isoler, se mobiliser avant l'arrivée du candidat

Un bon entretien à la Sherlock Holmes est aussi fatigant pour l'interviewer que pour l'interviewé. En effet, l'entretien va demander une forte concentration et une grande énergie pour pratiquer une écoute active, pour maîtriser son déroulement et pour rester rivé sur les objectifs visés et les critères recherchés. En outre, comme nous conseillerons la prise de note, cela exigera une acuité, une rapidité et une attention tous azimuts.

Avant l'arrivée du candidat, il faut donc s'isoler, demander à ne plus être dérangé pendant l'entretien, relire les documents et se mobiliser pendant environ trois minutes en faisant abstraction de tous les problèmes de gestion quotidienne passés ou à venir. Si l'on pense vraiment que l'entretien de recrutement est un exercice crucial, mais difficile, du management des hommes, il faut accepter ces quelques instants de « mobilisation » mentale, en se relaxant et en se détendant.

Il faut aussi choisir un lieu calme, filtrer sa ligne de téléphone et éteindre son téléphone portable.

Toutes ces recommandations peuvent paraître scolaires. En fait, elles sont simples à appliquer avec un peu de pratique. Au début, elles demandent un léger effort intellectuel, au bout de trois entretiens, elles deviennent naturelles et spontanées.

Et puis cette préparation a justement pour but de ne pas dramatiser l'échange entre deux personnes qui ne se connaissent pas encore et qui vont vivre une situation qui peut devenir artificielle ou stressante. On a donc tout intérêt à respecter, sans théâtraliser, les trois unités de base de la tragédie classique : l'unité de temps, l'unité de lieu et l'unité d'action.

L'unité de temps, ici, c'est entre trente et soixante minutes. L'unité d'espace, c'est un lieu calme et convivial, où l'on ne risque pas d'être perturbé. L'unité d'action, c'est l'objectif de décider ou non du recrutement, en cherchant des critères prédéfinis.

Synthèse de la préparation

1.	Relire la fiche de poste et les critères recherchés
2.	Etudier le CV, en identifiant les étapes importantes du parcours (formation, expériences professionnelles, loisirs, etc.)
3.	Prendre en compte les critères recherchés (cinq à dix minutes par critère, plus pour les principaux)
4.	Choisir les rubriques dans le CV qui permettront d'identifier ces critères
5.	Préparer les questions qui aideront à trouver des faits ou des preuves sur chacun des critères
6.	Ecrire ou avoir en tête l'introduction pour mettre le candidat à l'aise
7.	Préparer un tableau pour guider l'entretien et prendre des notes (les verbatims recueillis étant un outil majeur de décision)
8.	Décider comment on va clore l'entretien.

3

*P*endant l'entretien

Accueillir le candidat

Etre à l'heure

Inutile de rappeler que la ponctualité n'est pas uniquement la politesse des rois. Les candidats sont rarement en retard. Les recruteurs sont rarement à l'heure. C'est inadmissible. Un recruteur ponctuel, c'est déjà un recruteur potentiellement professionnel. Un bon recruteur est toujours ponctuel.

Nous recommandons aussi d'aller chercher le candidat soi-même, au moins devant l'ascenseur, ou de le faire chercher par sa secrétaire. Combien de candidats ne se perdent-ils pas dans les étages ou les couloirs ? L'anecdote suivante est édifiante. Yves venait, à sa sortie de l'école, passer un entretien pour un poste de chef de produit marketing au dixième étage d'une grande société américaine. Il s'est retrouvé au neuvième étage en train de passer un entretien pour un poste de vendeur. Comme l'interviewer ne s'est pas présenté et qu'il n'avait pas le CV du bon candidat, aucun des deux se n'est aperçu de la méprise. Pendant vingt minutes, Yves, vanta ses aptitudes à faire du marketing : « moi, le marketing..., le marketing..., tout petit déjà,... le marketing, je suis fait pour le marketing, etc. » avec toute la conviction du débutant. L'interviewer, responsable de l'administration des ventes, l'interrompit en lui disant : « Vous savez qu'ici nous sommes à la direction des ventes ? ». Yves, sans se démonter, repartit alors à la charge : « Moi, la vente,... la vente, tout petit déjà,..., la vente... je suis fait pour la vente, etc. ». Dix minutes plus tard, il fallut l'intervention d'une secrétaire pour remédier à l'erreur d'étage (le candidat au poste de vendeur était arrivé) et conduire Yves à la direction marketing. Yves est d'ailleurs aujourd'hui directeur général au sein d'une multinationale anglo-saxonne.

Mettre à l'aise

Le lieu de l'entretien sera calme. Certains recommandent de le situer hors du bureau de l'interviewer, sur un terrain plus « neutre ». Outre qu'en pratique cela est souvent difficile (ah ! l'éternel problème de l'indisponibilité des salles de réunion !), l'ambiance du bureau décontractera le recruteur et pourra donner au candidat une vague idée de la personne à qui il a affaire (même s'il ne faut pas se fier aux apparences !).

Dans tous les cas, la ligne de téléphone aura été basculée et on aura demandé à ne pas être dérangé. Il n'y a rien de plus impoli que de répondre au téléphone devant un candidat. Même la hiérarchie peut comprendre qu'un manager ne veuille pas être importuné durant un recrutement. Pourquoi donnerait-on la priorité à quelqu'un qui téléphone par rapport à quelqu'un qui a un rendez-vous et qui s'est déplacé en personne, parfois de très loin ? Le coup de téléphone déstabilise autant le candidat (les paranoïaques imaginent un piège !) que le recruteur. Il lui fait perdre le fil de la conversation et interrompt la dynamique engagée.

Le candidat doit être reçu avec un franc sourire, quelles que soient les circonstances du moment. La mobilisation évoquée précédemment favorise cette forme de décontraction qui rend plus facile un premier contact. La poignée de main sera marquée, tout en maintenant un vrai contact visuel de quelques secondes avec le candidat. Ne pas regarder l'autre dans les yeux quand on lui serre la main ou quand on lui dit bonjour, n'est pas le signe d'un bon accueil, ni d'une sérénité intérieure. Un optimiste est quelqu'un qui regarde vos yeux, un pessimiste quelqu'un qui regarde vos pieds. Il faut revoir la scène du film de Claude Lelouch, *Itinéraire d'un enfant gâté*, où Jean-Paul Belmondo enseigne à Richard Anconina, comment dire « bonjour ». Effectivement, certaines poignées de main ressemblent plus à des « au revoir » qu'à des « bienvenue » (main non fermée, doigts mous, regard fuyant, dos courbé, etc.).

Nous recommandons de prononcer le nom du candidat au moment de la poignée de main. C'est un signe de respect et une grande marque d'attention appréciée par les candidats (comme par les collaborateurs d'ailleurs). Ensuite il faut décliner son identité dans la foulée. Tout de suite, le candidat se sent « attendu » et ressent moins cette impression d'être un « inconnu » ou un perturbateur. Lors de la première visite dans l'entreprise, le candidat se sent toujours un peu « étranger » au sens « camusien » du terme. N'ajoutons pas de l'angoisse « en le rejetant dans un monde qui l'ignore. »

Après ce salut, le recruteur veillera à lui proposer de se débarrasser de ses affaires, et, le cas échéant, lui proposera une boisson.

L'interview se fera « d'égal à égal », autour d'une table, s'il y en a une, ou devant le bureau. De la même manière qu'il faut fustiger les interviewers retardataires, il faut fustiger ceux qui restent derrière leur bureau, perchés sur leur haut fauteuil, contemplant avec mépris et d'un œil inquisiteur, le candidat mal à l'aise et assis sur la petite chaise devant le bureau.

Le candidat est assez stressé comme ça, inutile d'en rajouter.

Créer l'empathie

Il s'agit dès le début de l'entretien de transmettre de l'énergie au candidat. Plus il se sentira à l'aise et plus il sera lui-même et naturel. Il faut créer l'empathie. L'empathie est un comportement relationnel fondé sur la connaissance et la compréhension d'autrui par l'identification affective. En psychologie, l'empathie désigne la capacité à s'immerger dans le monde affectif d'autrui, à partir des éléments fournis par la communication verbale et non verbale. L'empathie permet au thérapeute de participer de façon aussi intime que possible à l'expérience du patient, tout en demeurant indépendant sur le plan des émotions.

Sans aller jusque là, le recruteur devra maintenir le contact visuel et le sourire autant que possible. Il conservera une attitude ouverte faite de contacts visuels et de chaleur, de maintien du contrôle de soi, éventuellement d'humour (mais, bien sûr pas d'ironie ou de moquerie, sachant que l'humour permet de rire avec les autres alors que l'ironie rit des autres), de sincérité, de respect et d'écoute active.

Durant l'entretien, les comportements de l'interviewer influencent le récepteur (le candidat) qui en retour influe l'émetteur lui-même. Sans entrer dans le détail des théories, il faut rappeler quels sont les trois niveaux de communication qui exercent une influence hélas parfois décisive sur l'échange :

– le verbal (ce qui est dit).
– le non verbal (le langage corporel ou « body language » en anglais, la gestuelle, les positions, les gestes et signes approbateurs, réprobateurs ou interrogateurs, etc.)
– les facilités d'élocution (aisance verbale, volume de la voix, ton, etc.).

Ces comportements non verbaux et ces qualités d'expression ne permettent pas de préjuger des performances futures au travail (« Connaît-il le nouveau plan comptable ? », « Sait-il réparer un moteur ? »). Il faut donc connaître ces règles des trois niveaux de communication pour ne pas complètement se laisser piéger. Ces critères sont néanmoins décisifs si la bonne expression orale est une nécessité pur le poste.

Pour mettre à l'aise le candidat, surtout en début d'entretien, des phrases du type « J'espère que vous avez trouvé facilement notre adresse » ou « il est toujours difficile de se garer dans le quartier », peuvent permettre de briser la glace.

Ne pas se fier à la « première impression »

On apprend maintenant aux personnes en recherche d'emploi, comme on le fait aux vendeurs dans les séminaires de vente

ou de négociation, que la « première impression » est fondamentale ; et que l'on a « seulement une fois l'occasion de faire
une bonne première impression ». On leur parle de la « règle
des trois trente » : les trente premières secondes, les trente premiers centimètres (quand on se serre la main) et les trente
premiers mots.

Le recruteur efficace et factuel ne doit pas trop s'attacher à
ces formules toutes faites, souvent sans fondement. Selon
nous, au contraire, il doit se méfier de sa première impression
et bannir de son jugement les apparences ou le look des candidats. En revanche, il doit soigner sa propre attitude, en particulier l'accueil.

Pour un vrai Sherlock Holmes de l'entretien, le look général
et les premières trente secondes ne suffisent pas pour tirer des
conclusions pertinentes, sur les compétences réelles, par
exemple. Ce sont des indices faibles sur lesquels, au mieux,
on ne peut qu'échafauder des hypothèses fort aléatoires. Nous
conseillons donc de ne pas s'y attacher et de ne pas laisser de
place à l'intuition. Il y a une multitude de données sur lesquelles il va falloir placer toute son attention, toute sa clairvoyance, son écoute et son intelligence.

Le syndrome de la première impression affecte particulièrement les recruteurs non méthodologiques. Il faut se forcer à
ne pas avoir de première impression. Quand on en a une, qui
surgit inopinément sans l'avoir cherchée, il faut se forcer à
l'oublier ou à ne pas en tenir compte. C'est relativement facile
quand on se remémore toutes les injustices ou les déboires
que nous ont infligés ceux qui nous ont appliqué la fameuse
« première impression ». La nature humaine est trop sophistiquée pour qu'un individu puisse être analysé, jugé et cata-
logué sur la première minute de contact, sur l'intensité d'une
poignée de main, sur le nœud relâché d'une cravate, sur un
épi de cheveux, sur un bouton dans le cou ou sur une maladresse de langage due à la pression inhérente au début de
l'entretien.

La première impression est l'ennemie du bon recruteur. On a
tendance à trop vite se faire une idée dans les quatre ou cinq
premières minutes de l'entretien quand le candidat répond

aux premières questions. Ensuite, on passe le reste de l'entretien à chercher à justifier cette première impression. Dans la
théorie des besoins et des motivations, on appelle cela la dissonance cognitive. Par exemple, après avoir acheté une montre (ou un ordinateur, ou un divan, etc.), l'acheteur ne peut
s'empêcher de comparer son acquisition dans les vitrines avec
les autres montres qu'il aurait pu acheter. Il a besoin de se
rassurer, de réduire sa dissonance cognitive. Quand un
consommateur hésite pendant de longs jours entre deux
modèles de voiture par exemple, il attribue à chaque véhicule
des avantages et des inconvénients, d'un poids presque égal.
Une fois son choix réalisé, en revanche, il dénigrera le modèle
repoussé pour mieux justifier sa décision et atténuer la dissonance cognitive.

Les réponses du candidat survenant après l'impression des
cinq premières minutes peuvent devenir des prétextes *a posteriori* pour justifier le jugement initial forgé sur cette impression. Une fois la première impression faite, le recruteur non
formé oublie le milieu de l'entretien lors du debriefing et aura
tendance à se remémorer seulement le début ou la fin de la
séance. En outre, il négligera certaines informations ou données par manque de concentration, de mémoire ou en
l'absence de prises de notes.

Cette mise en garde contre la première impression ne veut pas
dire que de son côté, l'interviewer devra négliger lui-même la
première impression qu'il fera au candidat et ne pas soigner
l'accueil.

Annoncer les règles du jeu

L'introduction est capitale dans un entretien de recrutement.
Qui n'a jamais entendu ces phrases : « Parlez-moi de vous »
ou « Racontez-moi votre parcours » ?

Merci bien, ces phrases témoignent d'un manque de préparation et de professionnalisme qui devrait rendre méfiants les
candidats performants sur les compétences réelles de celui qui

pourrait devenir leur futur chef. Certains interviewers vont même jusqu'à lire le CV après avoir posé la première question. A nos yeux, ces recruteurs perdent toute crédibilité. Ils perdent aussi le contrôle de l'entretien, du temps et de l'écoute – puisqu'ils lisent !

Il faut prohiber, en début d'entretien, les « parlez-moi de vous ». En face d'un candidat rusé et préparé, c'est la meilleure façon pour se faire mener en bateau et perdre la maîtrise de l'échange.

Nous recommandons plutôt une phrase d'introduction, brève, facile à mémoriser et qui démontre au candidat la rigueur avec laquelle a été préparé l'entretien. Elle annonce aussi les règles :

« J'ai étudié avec attention votre CV et j'ai préparé notre entretien. Je vous propose de traiter les points suivants : votre poste chez X, votre poste actuel chez Y et votre rôle d'adjoint au maire de votre municipalité. Notre entretien durera 45 minutes. »

Bien sûr, si le candidat est reçu pour la première fois dans l'entreprise, avant la phase des questions, et après s'être présenté, il faut décrire l'entreprise et le poste.

Prendre une attitude adulte

Conformément à ce que nous avons déjà mentionné sur les trois niveaux de communication et conformément aux règles de l'analyse transactionnelle, nous recommandons une attitude « adulte ».

En analyse transactionnelle[1], l'état adulte a pour objectif le recueil d'informations en prise avec les réalités. L'état adulte c'est donc la capacité qu'a une personne de recueillir, d'enregistrer et de traiter objectivement des informations internes

---

1. *cf.* « L'analyse transactionnelle », mémento EO, Editions d'Organisation, 1987 par Jean-Maurice Vergnaud et Philippe Blin.

(provenant des autres états du moi, parent ou enfant) et externes (l'environnement), sans émotion, ni préjugé. Ce rôle d'adulte permet d'analyser les informations, de les élucider et de les comprendre en vue d'élaborer les stratégies les plus adéquates pour son développement.

Le comportement général d'un interviewer adulte est rationnel, neutre, logique, objectif ; il cherche des informations. Il cherche à comprendre. Ses gestes et ses attitudes physiques sont mesurées ; son regard est attentif et neutre, sa tête est droite, sans raideur ; il est « ouvert ». Ses mots et ses expressions verbales sont clairs et précis ; il utilise « qui ? », « quoi ? », « comment ? », « où ? ». Son attitude face aux candidats et aux faits est logique ; il sélectionne et mémorise ; au cours des debriefings, il rappelle les faits et la réalité.

L'attitude adulte se caractérise aussi par le contact visuel, une attitude chaleureuse, ouverte vers le candidat, qui témoigne d'une grande écoute, et d'une sincérité dans la réception des messages. L'humour sera utilisé avec prudence, seulement s'il est dans la nature authentique du recruteur ; l'humour peut être signe d'intelligence, et ne doit pas se confondre avec l'ironie ou le cynisme qui blessent les candidats.

Le recruteur prend des notes. Il reste neutre, garde la maîtrise de soi tout en gardant le contrôle de l'entretien. C'est lui qui dirige la conversation et non le candidat. Il peut sortir de sa neutralité seulement dans les cas d'approbation, cas qui doivent demeurer exceptionnels. Par exemple, si le candidat affirme : « J'ai gagné le titre de meilleur vendeur cette année-là », l'interviewer peut dire « C'est très bien, bravo », puis relancer : « A quelle occasion ? », « Comment y êtes-vous parvenu ? ».

Le vocabulaire est approprié à l'entretien. Il faudra éviter le langage grossier ou les fautes de syntaxe. La clarté et le volume de la voix sont essentiels à la bonne compréhension des questions. La monotonie du ton, les bégaiements ou les murmures sont à éviter.

Enfin, le recruteur essaiera au cours des trente minutes d'utiliser au moins trois ou quatre fois le nom du candidat, dans ses questions : « Monsieur Durand, vous m'avez dit que… ».

Appliquer la règle des 20/80

L'économiste italien Vilfredo Pareto, a laissé aux sciences économiques sa célèbre loi sur le concept d'optimum économique : « Quand il y a un grand nombre de contributions à un résultat, la majorité de ce résultat est due à une minorité de contributions ». Cette règle des 20/80 s'applique aussi dans la détermination des objectifs et de l'activité de l'entreprise : 20 % des tâches permettent d'atteindre 80 % des objectifs.

On peut la transférer à la répartition du temps de parole entre l'interviewer et l'interviewé. Le recruteur doit au maximum parler 20 % du temps, le candidat au minimum 80 %. Idéalement, introduction et conclusion comprises, un bon recruteur devrait parler 10 % seulement : la règle des 10/90 devrait s'appliquer. Cette règle est très peu respectée. L'observation de dizaines d'entretiens de recrutement non méthodologiques et non structurés montre, qu'en moyenne, les recruteurs peu performants parlent au moins autant que les candidats.

On a même vu un directeur général, extrêmement bavard, utiliser 90 % du temps de l'entretien, faire les questions et les réponses, interrompre le candidat, poser peu de questions et se perdre dans de longs monologues comme pour exorciser ses propres problèmes. Quand sa secrétaire arrêta l'entretien pour lui annoncer sa réunion à venir, il se leva, serra le main du candidat et lui dit au revoir. Quand le candidat, quelques jours plus tard, interrogea la directrice des ressources humaines sur les résultats de son entretien, elle lui répondit que le directeur général l'avait trouvé peu loquace, réservé, voire timide. Le candidat répondit qu'il avait tout axé sur l'écoute ! Il fut heureusement recruté par la suite et réussit une brillante carrière dans l'entreprise.

Se méfier des apparences

Les apparences et la trop grande, voire exclusive, attention portée au superficiel sont l'ennemi du bon évaluateur.

Il faut donc éviter les critères d'apparence tels que l'aspect extérieur, la tenue vestimentaire, la rapidité de réponse ou de pensée, l'ouverture d'esprit, l'ancienneté ou l'expérience (dans un monde qui change vite, il faut rappeler que l'ancienneté n'est plus forcément un avantage compétitif).

La simple lecture d'un CV et une conversation à bâtons rompus ne suffisent pas pour valider des compétences recherchées. Trop souvent, les interviewers s'en tiennent à des généralités de surface sur les candidats sans creuser en profondeur.

« Il est plus aisé de connaître l'homme en général que de connaître un homme en particulier »

La Rochefoucauld.

Trois règles s'appliquent donc à la découverte profonde d'un candidat : tout d'abord il faut valider les impressions et les sentiments par des faits et des preuves ; ensuite, il s'agit d'approfondir les analyses avec plusieurs relances, si nécessaire ; enfin, il faut être prêt à changer d'avis si une première impression, en début d'entretien par exemple, devait se trouver contredite en fin d'entretien.

Afin de ne pas se fier aux apparences il faut estimer ce que l'homme a fait ou n'a pas fait, et non pas ce qu'il peut faire. Ce qu'il peut faire, c'est son potentiel, or le potentiel est difficile à cerner par des questions classiques. Pour identifier le potentiel d'un individu, au travers d'un simple entretien, il faut faire appel à une méthodologie et un questionnement complexes et plus élaborés.(Voir en annexe les questions 1 et 2)

Recourir à la maïeutique et maîtriser l'entretien

La maïeutique (du grec maieutaké : art de faire accoucher) est le terme employé par Socrate, dont la mère était sage-femme, pour désigner sa méthode de questionnement, qu'il assimile à un « art d'accoucher » les esprits de la vérité qu'ils portent en eux sans le savoir.

Cette méthode d'interrogation, pour atteindre la définition du beau, du juste et du courage, consiste à mettre l'interlocuteur en contradiction avec lui-même et à faire surgir de cette contradiction la définition vraie.

L'interviewer, au lieu d'être un accoucheur d'idées, doit devenir un accoucheur de faits. Il mène une enquête. Il ne doit donc pas projeter son système de valeur en s'identifiant à l'autre par la réflexion de sa propre image.

En outre, le défi proposé à l'interviewer est le suivant : tout en parlant moins de 20 % du temps, il doit garder le contrôle des échanges et aborder les thèmes qu'il avait décidé d'aborder avant l'entretien. Ceci n'exclut pas, bien sûr, l'adaptation au rythme des réponses du candidat. La dynamique de l'entretien fait émerger les informations recherchées et peut aussi en faire surgir d'autres inattendues.

Durant un entretien, les interactions s'enchaînent rapidement et des réponses surprenantes peuvent émerger. Sans changer de cap, c'est-à-dire sans oublier l'objectif visé et les critères recherchés, l'interviewer a le droit, voire le devoir, de louvoyer, sans toutefois se laisser ballotter par les événements. C'est une des raisons pour lesquelles nous ne recommandons pas de poser des questions évasives de type « Parlez-moi de vous » en début d'entretien. Car un candidat préparé et rusé parlera seulement de ce qu'il a envie de décrire. Or, justement, ce qui nous intéresse, c'est ce dont nous avons envie de parler.

Beaucoup d'interviewers non méthodiques ont tendance à perdre le fil de l'entretien et à se laisser mener en bateau par des candidats malins.

Suivre un cheminement intellectuel rigoureux

L'entretien Sherlock Holmes suit un cheminement intellectuel rigoureux. Fondamentalement ce processus intellectuel se divise en plusieurs étapes qui doivent s'enchaîner dans un ordre logique et établi à l'avance. Le jugement s'applique à l'adéquation du candidat au poste, aux critères, à l'entreprise et aux personnes avec qui il travaillera. Le jugement est sur le fond, et non sur la forme.

Un préalable au jugement est donc de bien connaître les critères et les missions du poste. Beaucoup d'interviewers, et spécialement les plus haut placés dans la hiérarchie, ne les ont pas clairement en tête. Quand on fait appel à d'autres managers pour aider à la sélection, il est bon de leur rappeler les critères de choix et ce qu'ils recherchent.

Tout au long de ce cheminement intellectuel, la rigueur est de mise. Si un candidat ne respecte pas un ou deux critères majeurs du poste, il doit être rejeté, quels que soient ses autres mérites. Il ne peut y avoir de compromis sur ce point.

Il faut aussi éviter de juger par rapport à sa propre carrière. Quand on recrute une personne déjà très expérimentée, la réalité montre que certains opérationnels hésitent à embaucher un candidat qu'ils sentent plus talentueux qu'eux-mêmes. C'est un des paradoxes des managers dits faibles. Ils savent qu'un manager, abstraitement, doit savoir recruter des collaborateurs à fort potentiel, autonomes et capables de leur succéder un jour. Mais ils appliquent rarement à eux-mêmes ce principe essentiel de management. Un successeur potentiel, c'est introduire le loup dans la bergerie !

Juger par rapport à sa carrière, faire de la « politique » en quelque sorte, c'est aussi recruter un candidat qui pourrait plaire au patron ou écarter un autre qui pourrait déplaire au grand chef. Certains managers, parce qu'ils se sentent, à juste titre, observés, voire jugés par les autres responsables présents lors du debriefing, perdent leur indépendance de jugement. Comment imposer avec conviction un candidat à un supérieur hiérarchique qui lui ne le « sent pas », si on n'a pas d'arguments tangibles et de faits à opposer ? Même si la décision se prend à plusieurs, un jugement est avant tout un processus personnel et intellectuel.

Accorder à un fait cent fois plus de valeur qu'à un état d'âme

La deuxième étape du processus est la recherche des faits. La troisième étape, après l'entretien, consistera en leur interprétation et l'évaluation proprement dite du candidat.

La deuxième étape est donc la plus longue et la plus importante de l'entretien. Elle est le cœur de l'entretien Sherlock Holmes. Une fois définis les critères, il faut chercher à évaluer l'aptitude du candidat à les satisfaire à travers des faits. On recueille ces faits par une série de questions. Par exemple : « Pouvez-vous me décrire une situation où vous avez fait un exposé brillant devant un auditoire ? », « Quels étaient vos objectifs ? », « Dans quelle mesure les avez-vous remplis ? ».

L'entretien Sherlock Holmes est donc centré sur la recherche des faits. Cela permet de démasquer les « bluffeurs » et d'éviter « la poudre aux yeux ». Pour approfondir chaque fait, il faut chercher la motivation derrière les faits, en utilisant le pourquoi et le comment :

1. Quoi ?	Ce qui a été fait	« Quels étaient vos objectifs ? »
2. Pourquoi ?	Les raisons de le faire	« Pourquoi avez-vous choisi ce type de vente ? »
3. Comment ?	La manière de le faire, de le vivre	« Comment les avez-vous atteints ? » « Comment avez-vous réagi ? »

Dans la recherche des faits, il faut donner la priorité au vécu du candidat et aux comportements passés. De plus, il ne faut pas confondre la recherche des faits avérés avec des questions de situation du type : « Que faites-vous si... », « Comment faites-vous pour écrire un brief ? », « Comment feriez-vous pour me vendre cette voiture ? ». Car le candidat projettera dans sa réponse ce qu'il pense qui doit être fait ; ce sera une réponse toute faite, idéale, détachée de sa propre expérience et de son propre comportement. Les questions de situation permettent de juger ce que le candidat devrait être, et non ce qu'il est vraiment.

Aux questions de situation, il faut donc préférer les questions comportementales du vécu : « Décrivez-moi une occasion où vous n'avez pas atteint vos objectifs. Pourquoi ? » Comment avez-vous surmonté ces résultats ? » ; « Parlez-moi du dernier brief que vous avez écrit. C'était à quelle occasion ? Quels ont été les résultats ? », « Racontez-moi votre dernière vente (ou une vente réussie ou une vente perdue) », etc.

L'entretien recherchant des faits se centre sur les faits et ensuite sur leur interprétation. Pendant la recherche des faits, il ne faut pas avoir d'*a priori*, ni se laisser influencer par le CV ou la présentation du candidat.

Un bon recruteur Sherlock Holmes ne surpondère pas non plus le négatif. Il fonde son jugement sur le contenu des réponses. Les preuves qu'il accumulera lui permettront de valider et ensuite de mieux interpréter les faits. Il attache peu d'attention au « contenant », c'est-à-dire à la tenue vestimentaire, aux apparences, à l'éloquence ou à l'élocution du candidat.

La méthode utilisée pendant l'entretien et tout le processus intellectuel doivent évidemment être identiques pour tous les candidats interrogés.

Poser les bonnes questions

Sous l'Ancien Régime, « questionner » un accusé consistait à lui arracher des aveux au moyen de la torture. La « question » faisait partie de l'appareil judiciaire et ce moyen était dérivé des procédures du « jugement de Dieu ». L'interrogation est un type spécifique de communication entre les interlocuteurs.

Questions ouvertes et questions fermées

Aux questions fermées, l'interlocuteur répond par oui ou non. Les questions fermées commencent par un verbe : « Avez-vous déjà managé une équipe ? », « Etes-vous créatif ? », « Avez-vous proposé d'autres solutions ? », « Etes-vous prêt à démarrer ce projet ? ».

Les questions ouvertes, en revanche, permettent, comme leur adjectif le suggère, d'ouvrir la discussion et d'obtenir de vrais renseignements. Elles commencent par des adverbes interrogatifs (comment, où, pourquoi, quand, quoi, etc.), des pronoms interrogatifs (qui, que, quoi), ou des adjectifs interrogatifs (quel, quelle, quels, quelles) : « Quelles ont été vos principales réalisations durant cette mission ? », « Pourquoi avoir choisi cette filière ? », « Qu'avez-vous fait durant ce stage ? », « Quelle expérience marketing avez-vous acquise ? », « Quels ont été les résultats ? », « Comment avez-vous procédé pour changer l'organisation de votre équipe ? ».

Il faut donc préférer les questions ouvertes aux questions fermées.

Questions neutres et questions dirigées

Les questions neutres laissent toute liberté de réponse au candidat. Elles sont utiles en début d'entretien ou quand un nouveau thème est abordé avec le candidat : « Pourquoi avez-vous choisi le métier d'ingénieur ? ».

Les questions dirigées, comme leur nom l'indique, dirigent la réponse du candidat vers un sujet ou un critère recherché. Il ne s'agit pas d'influencer la réponse du candidat mais de le guider vers un sujet précis et de lui faire prendre position : « Pourquoi avez-vous fait cette erreur ? », « Etait-ce vraiment une bonne décision ? », « Qu'attendez-vous d'un bon manager ? ».

Les combinaisons possibles entre questions fermées/ouvertes et neutres/dirigées donnent :

- questions neutres et ouvertes : maximum de liberté pour le candidat, mise en confiance ; elles commencent par QQCOQP (qui, quoi, comment, où, quand, pourquoi) : « Pourquoi avez-vous choisi de travailler dans l'automobile ? »
- questions neutres et fermées : elles doivent être utilisées avec parcimonie, car elles procurent peu d'information, mis à part le oui ou le non : « Avez-vous déjà connu une situation de stress ? »
- questions dirigées et ouvertes : elles permettent d'obtenir des faits et des informations : « Comment avez-vous surmonté cette difficulté ? »
- questions dirigées et fermées : elles laissent peu de liberté au candidat, et l'enferment dans une réponse oui ou non : « Trouvez-vous cet incompétent crédible ? ».

Questions abstraites et questions concrètes

Les questions abstraites permettent au candidat de deviner la réponse ou plutôt la bonne réponse qu'ils imaginent à travers la question posée ou au ton de la voix de l'interviewer : « Avez-vous de l'ambition ? », « Manager une équipe, c'est important pour vous ? », « Vous n'aimez pas le manque de rigueur, je suppose ? », « Avez-vous vraiment manqué cette vente avec X ? ».

Il faut donc leur préférer des questions concrètes qui sont parfois difficiles à trouver : « Qu'attendez-vous de votre entreprise actuellement ? », « Qu'est-ce que vous préférez dans votre job actuel ? », « Comment s'est passée la vente avec X ? ».

Les questions concrètes permettent de savoir ce qui a été fait et ce qui est spécifique au candidat. Pour avoir des réponses spécifiques, il faut donc poser des questions spécifiques :

« Pourquoi souhaitez-vous changer d'emploi ? »
« Quels sont vos objectifs à long terme ? »
« Comment pensez-vous les atteindre chez nous ? ».

> *« Veuillez, messieurs les journalistes, fournir vos questions à mes réponses »*
>
> **Le général de Gaulle lors d'une conférence de presse.**

Questions générales et questions spécifiques

Les questions générales ne sont pas très utiles car elles amènent des réponses théoriques, c'est-à-dire toutes faites ou préparées. En outre, certains candidats ont beaucoup de talent pour dire ce qu'ils feraient ou ne feraient pas (au lieu de dire ce qu'ils font ou ne font pas dans la réalité !) : « Quel est, selon vous, le manager idéal ? », « Que doit-on faire devant un client agressif ? », « Qu'est-ce que le marketing ? ».

Aux questions générales et abstraites, il faut donc préférer les questions concrètes et spécifiques : « Comment vous comportez-vous avec votre équipe ? », « Racontez-moi votre dernière négociation avec un client difficile ? », « Parlez-moi de votre expérience marketing ».

Questions abstraites et générales	Questions concrètes et spécifiques
« Pouvez-vous me citer trois qualités du bon patron ? »	« Quel est le patron qui vous a le plus marqué ? Pourquoi ? »
« Pouvez-vous me citer trois défauts du mauvais manager ? »	« Quel est le souvenir professionnel qui vous a le plus marqué ? »
etc.	« Racontez-moi votre dernier succès (échec) professionnel ».
	etc.

Questions ciblées et questions générales

L'art de bien interroger se fonde sur les questions ciblées et non sur des questions générales.

Hélas, ce sont souvent les questions générales qui sont utilisées par le recruteur maladroit et amateur, comme par exemple les sempiternelles :

– « Pouvez-vous me raconter votre parcours professionnel en quelques mots ? »,
– « Parlez-moi de vous »
– « Quelles sont vos qualités ? »
– « Quels sont vos défauts ? »
– « Pour vous, c'est quoi le travail idéal ? »
– « Pour quel type d'entreprise, aimeriez-vous travailler ? »
– etc.

Les questions ciblées permettent de passer en revue chaque critère (management d'équipe, capacité d'analyse, capacité à apprendre, jugement, initiative sens de l'organisation, stabilité émotionnelle, capacité d'adaptation, aptitudes à la négociation, esprit d'équipe, etc.).

Critère	Questions générales	Questions ciblées
Capacité à apprendre	Comment décririez-vous votre capacité à apprendre ?	Dans quelle situation avez-vous beaucoup appris au cours de ces dernières années ?
Capacité d'analyse	Est-ce que les personnes autour de vous vous décrivent comme quelqu'un entrant dans les détails ?	Comment avez-vous analysé ce problème de déclin des ventes ? Quels outils avez-vous utilisés ?
Jugement	Quelle est la bonne approche pour prendre des décisions ? Etes-vous intuitif ?	Quelles sont les décisions les plus difficiles... (les meilleures/ les pires, etc.) que vous ayez eues à prendre récemment ?
Planning stratégique	Où sera votre entreprise dans trois ans ?	Décrivez-moi votre expérience en planning stratégique

Critère	Questions générales	Questions ciblées
Pragma-tisme	Etes-vous plutôt visionnaire ou pragmatique ?	Quelle grande idée avez-vous eue dans votre fonction ? Comment l'avez-vous canalisée ? etc.
Communica-tion orale	Communication orale	Parlez-moi de votre dernière expérience en public. Décrivez-moi la dernière fois où votre « langue a fourché ».
Communica-tion écrite	Comment est votre style écrit par rapport aux autres ?	Avez-vous déjà écrit des articles, des livres, des rapports importants ? Pouvez-vous m'en parler (me les montrer) ?
Initiative	Etes-vous meilleur à initier beaucoup de choses ou à concentrer toute votre énergie sur peu de choses ?	Dans quelles circonstances où l'on attendait une chose de vous, avez-vous fait autre chose ? De quelle manière avez-vous le plus changé votre organisation ?
Stabilité émotion-nelle	Comment vous comportez-vous en situation de stress ou sous pression ?	Combien de fois avez-vous perdu votre contrôle dans les mois passés ? Décrivez-moi une situation où votre comportement était inadéquat. Décrivez-moi la situation où vous vous êtes mis le plus en colère.
Capacité d'adapta-tion	Quelles actions prendriez-vous les premières semaines, si vous deviez rejoindre notre entreprise ?	Comment avez-vous changé au cours de ces dernières années ? Quels sont les changements que vous avez trouvés les plus faciles et les plus difficiles à accepter dans votre rôle de directeur d'usine ?

Critère	Questions générales	Questions ciblées
Intégrité	Qu'est-ce que l'honnêteté pour vous ?	Décrivez-moi une situation ou deux dans lesquelles la pression pour compromettre votre intégrité a été très forte.
Capacité à négocier	Savez-vous négocier ?	Décrivez-moi une situation où vous avez mal/bien négocié.
Esprit d'équipe	Que diraient vos collègues si je leur parlais de vous en tant que membre de l'équipe ?	Parlez-moi de la personne la plus difficile avec qui vous ayez eu à travailler. Pourquoi était-ce dur ? Comment avez-vous agi ? Que s'est-il passé ? Etc. Parlez-moi d'une situation dans laquelle vous avez pensé que les autres avaient tort et que vous aviez raison.
Prise de risque	Aimez-vous le risque ?	Quels sont les plus grands risques pris dans votre carrière ?
Capacité à manager une équipe	Savez-vous manager une équipe ? Pour vous, comment faut-il manager une équipe ?	Comment managez-vous vos collaborateurs ? Quels sont leurs trois principaux objectifs ? Où en sont-ils à date par rapport à ces objectifs ? Avez-vous déjà promu quelqu'un ? Pourquoi ? Avez-vous déjà licencié quelqu'un ? Pourquoi ?
etc.		

Les questions ciblées permettent de relancer le débat. A signaler, qu'au sens grammatical strict, il s'agit parfois moins de questions que d'impératifs :

– « Décrivez-moi votre expérience d'audit comptable. »

© Éditions d'Organisation

- « Quel était le dernier plan que vous ayez écrit ? Quels ont été les résultats par rapport aux prévisions ? »
- « Quelle est la décision la plus dure que vous ayez eue à prendre récemment ? Pourquoi était-ce la plus dure ? Comment l'avez-vous prise ? Pourquoi ? Quels ont été les résultats positifs ? Les résultats négatifs ? Etc. ».
- « Quels sont les meilleurs exemples de votre créativité ? Qui a pensé à ces idées, vous ou quelqu'un d'autre ? Pourquoi était-ce créatif ? Comment avez-vous trouvé ces idées ? Ont-elles été transformées en actions ? Quelles actions ? »
- « Racontez-moi une situation professionnelle qui n'est pas allée aussi bien que prévue ? Qu'auriez-vous fait de différent ? Etc. »

On le voit, avec des questions ciblées, il s'agit de rentrer dans le détail des situations vécues et des faits, en variant les questions et en utilisant les pronoms interrogatifs qui, quoi, quand, comment, où, pourquoi. L'examen porte sur ce qui a été fait et sur ce qui est propre au candidat. Une analyse en profondeur est en effet nécessaire pour découvrir la substance et pas seulement la superficie de la personnalité et des compétences de l'individu. Il faut identifier ce qu'est capable de réellement faire le candidat.

Une question comme : « Etes-vous organisé ? » amènera une réponse comme « Oui, je suis très organisé ». Mais cela ne prouve rien, il faut creuser :

- « Donnez-moi un exemple où l'on a admiré votre sens de l'organisation. »
- « Quelle a été votre responsabilité spécifique ? »
- « Qu'avez-vous fait dans cette situation particulière ? »
- « Avec quels services étiez-vous en contact ? »
- « Combien de personnes dépendaient de votre service ? »
- « Quels ont été les résultats ? »
- « Quels étaient les acteurs clés ? »
- « Qui avait les responsabilités ? »
- « Quel était le budget ? »
- « Quels étaient les délais ? »
- « Quels obstacles avez-vous rencontrés ? »

– « Comment les avez-vous surmontés ? »
– Etc.

Une seule question à la fois

Il faut éviter les interrogations longues, difficiles à comprendre, à tiroirs ou contenant plusieurs questions :

– « Quand, pourquoi et comment avez-vous changé de poste et pourquoi avez-vous préféré cette entreprise à une autre ?
– « Comment avez-vous fait pour mettre en œuvre ce plan d'actions et quelle a été la réaction de votre chef ? »
– « En supposant que l'acheteur eut été agressif, et en tenant compte des contraintes d'approvisionnement, auriez-vous mené cette négociation comme vous venez de me la décrire, ou auriez-vous abordé un autre sujet ? »

La simplicité des questions est un signe d'intelligence. Le contraire est aussi vrai.

« Rien n'est plus simple que de poser une question difficile »
(Wystan Hugh Auden.)

Il ne faut pas non plus utiliser d'interrogation à la forme négative :

– « Comment n'avez-vous pas été capable d'atteindre cet objectif ? »
– « Votre supérieur n'était-il pas d'accord avec vous ? »

En revanche, il faut parfois utiliser le pluriel plutôt que le singulier :

– « Quelles sont vos tâches préférées ? » et non pas « Quelle est votre tâche préférée ? ».

Il faut aussi éviter de poser plusieurs fois la même question en la reformulant :

– « Pourquoi avez-vous changé d'emploi ? » et « Quelles sont

© Éditions d'Organisation

les raisons qui vous ont amené à accepter ce nouveau poste ? ».

Les jugements de valeur exprimés dans les questions sont à proscrire :

- « Vous n'avez eu qu'un bac technique ? »
- « Vous aviez finalement assez peu de responsabilités ? »
- etc.

L'utilisation de la nuance permet de ne pas donner un ton trop dur aux interrogations :

- au lieu de « Quels problèmes difficiles avez-vous dû surmonter ? », « J'imagine qu'il y avait un certain nombre de problèmes délicats auxquels vous avez dû faire face ? »

Néanmoins, certaines questions doivent être directes :

- « Etes-vous prêt à déménager à Lyon ? »
- « Quel est votre salaire actuel ? »
- etc.

Parmi les questions à proscrire, nous citerons :

- « Parlez-moi de vous. »
- « Présentez-vous. »
- « Résumez-moi votre parcours professionnel. »
- « Dites-moi tout ce que vous jugez pertinent dans ce qui vous est arrivé dans la vie depuis l'âge de onze ans. » (véridique !)
- « Pourquoi devrions-nous vous donner le job ? »
- « Aimez-vous le travail en équipe ou le travail seul ? »
- « Comment pensez-vous que votre meilleur ami vous décrirait ? »
- « *In fine*, êtes-vous plutôt un homme d'action ou de réflexion ? »
- « Je suppose que vous avez beaucoup appris durant ce stage. »
- « Quelles sont les qualités pour réussir dans la vie professionnelle ? »
- « Quelles sont vos principales qualités ? »
- « Quels sont vos principaux défauts ? »
- « Qu'est-ce qui vous motive le plus ? »

- « Que pensez-vous de votre chef actuel ? »
- « Etes-vous rationnel ? créatif ? intuitif ? adaptable ? etc. »
- « Avez-vous beaucoup d'amis ? »
- « Que recherchez-vous dans le travail ? »
- « Avec qui n'aimeriez-vous pas travailler ? »
- « Quel est, selon vous, le chef idéal ? »
- « Quelle est pour vous la mauvaise entreprise ? »
- etc.

Questions sur la motivation et le futur

Les questions, en principe, doivent porter sur le passé récent et plus sur le présent que sur le passé lointain. A partir d'un certain âge, on ne pose plus de questions sur le diplôme et les expériences d'étudiant. Au bout de plusieurs années d'expérience en entreprise, les stages d'étude ne sont plus intéressants. En revanche, il est des cas où l'examen du passé et de ce qui a été fait est limitatif. Les questions sur la motivation du candidat à occuper le poste proposé sont parfois nécessaires. Mais les réponses sont difficilement exploitables car, très souvent, le candidat a préparé ses phrases à l'avance :

- « Pourquoi postulez-vous ? »
- « Qu'est-ce qui va le plus vous plaire dans le job que nous vous proposons ? »
- « Qu'est-ce qui va le plus vous déplaire ? »
- « Quelles seront vos premières actions/décisions ? »
- « Quels vont être les principaux obstacles à surmonter ? »
- « Comment allez-vous les surmonter ? »
- « Sur quoi ne feriez-vous pas de compromis ? »
- « Quels sont pour vous, les avantages à nous rejoindre ? »
- « Quels sont, pour nous, les avantages à vous recruter ? »
- « Que pensez-vous pouvoir apporter au poste ? ».
- etc.

Certaines questions, en fin d'entretien, peuvent enfin porter sur le futur, le plan de carrière. Le candidat doit se projeter, voire rêver :

- « Que cherchez-vous dans votre job ? »
- « Comment vous voyez-vous dans cinq ou dix ans ? »

– « Où serez-vous dans cinq ans ? ».
– etc.

Une directrice des ressources humaines qui avait la responsabilité de recruter les cadres dirigeants d'un grand groupe ne
posait jamais de question sur la motivation des candidats très
expérimentés qu'elle recevait. Au cours d'un entretien, l'un
des futurs dirigeants lui demanda : « Pourquoi ne me deman-
dez-vous pas pourquoi je souhaiterais intégrer votre entreprise et pourquoi je serais prêt à quitter mon job actuel ? »
Elle lui répondit calmement : « Les personnes qui arrivent ici
dans ce bureau sont suffisamment expérimentées et intelli-
gentes pour connaître elles-mêmes leurs raisons ».

L'enchaînement des questions

Les premières questions de chaque thème abordé doivent nor-
malement être ouvertes et neutres pour encourager le candidat à parler de son expérience passée : « Parlez-moi de votre
job actuel ». Mais assez rapidement, ces questions « d'échauf-
fement » ou « d'introduction » doivent céder la place aux
questions ciblées, commençant par qui, quoi, où, comment,
quand, pourquoi.

L'interviewer peut ainsi trouver de nouveaux faits, ne pas se
contenter de déclarations générales et continuer à découvrir
les centres d'intérêt, les motivations ou les préoccupations du
candidat.

Pour prendre un exemple, si le CV du candidat indique une
année de transition entre deux emplois, la séquence suivante
de questions devrait faire apparaître des preuves intéressantes
et pertinentes :

– « Comment avez-vous pris la décision de prendre une année
  sabbatique ? »
– « Qu'avez-vous fait pendant cette année ? »
– « Pourquoi ? »
– « Où êtes-vous allé ? Avec qui ? »
– « Quelles expériences avez-vous vécues ? »
– « Comment évalueriez-vous maintenant cette période ? »

Le recruteur doit savoir employer une large variété de questions dans une telle séquence. Les questions exclusivement ouvertes encouragent le candidat à beaucoup parler et divaguer, tandis que les questions fermées (« Avez-vous aimé cette année ? ») amènent des réponses brèves mais contiennent peu d'informations.

Pour interroger un débutant sur son cursus scolaire on peut utiliser l'enchaînement suivant :

– « Pourquoi avoir choisi ces études ? »
– « Quels cours vous ont-ils le plus plu ? Pourquoi ? »
– « Dans quelles matières aviez-vous les meilleures notes ? Les moins bonnes ? »
– « Quelles activités pratiquiez-vous ? Pourquoi ? Quand ? Comment ? Où ? Avec qui ? Quel était votre rôle ? »
– « Comment faisiez-vous pour vous organiser ? »
– « Parlez-moi de votre mémoire de fin d'étude. Pourquoi ce sujet ? Comment l'avez-vous écrit ? ».

Sur le poste actuel, pour quelqu'un qui a déjà une expérience professionnelle :

– « Quels sont vos objectifs dans votre poste actuel ? »
– « Quelles sont vos responsabilités ? Budget ? Nombre de collaborateurs ? »
– « Décrivez-moi une semaine type »
– etc.

Creuser et chercher encore des faits

Tant que l'on n'a pas identifié la compétence ou le trait de caractère recherché, il faut continuer à creuser et à poser des questions d'éclaircissement.

Il est rare qu'une seule question, même si elle est bien structurée, suffise à éclairer l'interviewer sur une compétence. Un examen plus approfondi est nécessaire. Des questions complémentaires, tenant compte de chaque réponse précédente, permettent de vérifier, clarifier ou aller au-delà de la surface des réponses.

Par exemple, si l'interviewer cherche à savoir pourquoi le candidat a changé d'emploi après une courte période avec un employeur, il peut utiliser la série de questions suivante :

Question : – Quand avez-vous décidé de chercher un autre emploi ?
Réponse : – Après environ huit mois avec la société ABC.
Q : – Pourquoi ?
R : – Parce que j'ai pensé qu'il n'y avait pas de perspectives de carrière pour moi.
Q : – Qu'est-ce qui vous a amené à cette conclusion ?
R : – La personne qui m'a nommé a quitté la société ; son successeur m'a dit que je faisais bien mon travail, mais que je ne serai pas sur la liste des personnes potentiellement à promouvoir. Ensuite, ils ont nommé une nouvelle recrue au-dessus de moi.
Q : – Pourquoi pensez-vous qu'ils ont fait cela ?
R : – La culture de l'entreprise ne favorisait pas la créativité. Etc.

À ce stade, le recruteur doit juger s'il doit continuer à creuser. Le candidat ne masque-t-il pas des performances médiocres chez ABC ? A-t-il eu du mal à s'adapter ? Fait-il partie des éternels déçus ? L'entreprise ABC s'est-elle mal comportée avec lui ?

Dans la recherche des faits, la collecte des informations et l'interprétation des données ainsi recueillies, il faut se méfier des effets de halo. Par exemple, la capacité de communication diffère de la capacité de négociation. Une excellente expression orale durant l'entretien crée un halo favorable. Or, quelqu'un peut avoir une expression orale très supérieure à la moyenne et avoir un mauvais relationnel. Dans la phase de jugement, certains recruteurs n'utilisent pas assez les comportements réellement observés.

On a souvent tendance à donner plus de poids aux points négatifs qu'aux points positifs. L'absence de faiblesse est parfois un meilleur gage de réussite.

Adopter la stratégie du hibou : écouter, attendre, observer

« La nature a créé l'homme avec deux oreilles et une seule bouche... pour qu'il passe deux fois plus de temps à écouter qu'à parler. »

Le temps d'écoute

L'écoute est une qualité essentielle du bon recruteur, comme de tout bon manager d'ailleurs. Les silences ou l'attente à la fin d'une réponse sont les plus sûrs moyens pour relancer un candidat ou l'aider à poursuivre et enrichir le débat. Il rebondira sur un autre sujet et complétera sa réponse.

« Il faut écouter beaucoup et parler peu pour bien agir au gouvernement d'un Etat ».

Richelieu, *Maximes d'Etat*.

L'écoute active

L'écoute active consiste à montrer à l'interlocuteur qu'on l'écoute. L'écoute n'est donc pas une phase passive, mais elle exige une attention soutenue. Elle passe par des questions ouvertes qui alternent avec des silences. Il faut donc, pour montrer une écoute active, utiliser son propre langage non verbal : un signe de tête signifie de la compréhension ou de l'encouragement ; une ouverture de main incite le candidat à poursuivre (« mais encore ? », « continuez ! ») ; un contact visuel montre l'intérêt.

L'écoute active augmente l'empathie entre le recruteur et le postulant. Elle aide le recruteur à garder l'esprit concentré sur les réponses.

Mais l'écoute active exige beaucoup de pratique pour être améliorée. Dans toute communication de message, il y a beaucoup de déperdition. On peut symboliser ce phénomène de déperdition par des longueurs de trait :

```
|————————————————————————————| ce que je veux dire
|————————————————————————————| ce que je dis réellement
|—————————————————————————| ce que l'autre entend
|————————————————————| ce qu'il écoute
|——————————————————| ce qu'il comprend
|————————————————| ce qu'il retient
|——————————————| ce qu'il transmet
```

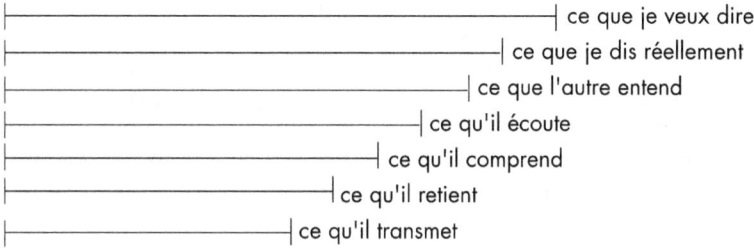

De plus, certaines personnes ont du mal à écouter tout ce que dit le candidat : ils se concentrent et retiennent les débuts et les fins de phrase.

L'écoute active et l'application de la règle des 20/80, en fonction des réponses du candidat, permettent à l'interviewer d'avancer dans sa recherche des faits.

Les règles de l'écoute active créent une relation active et concentrée sur l'interlocuteur :

1. Montrer de l'intérêt ;
2. Garder une position psychologique d'attente et relancer ;
3. Ne pas se laisser perturber visuellement par l'environnement ;
4. Créer l'empathie ;
5. Etre patient ;
6. Maîtriser ses réactions. Ne pas bloquer la communication ;
7. Rester neutre et respecter les manifestations émotionnelles du candidat ;
8. Travailler une attitude mentale de « non-jugement » des commentaires de l'interlocuteur ; ne pas approuver ; ne pas réprouver.

L'acte d'écoute active ou d'attention n'est pas une simple situation de disponibilité, « d'ouverture » ou de « vide », où l'on est prêt à recevoir ce qui vient de l'extérieur, comme le vase se remplit de l'eau que l'on verse dedans. L'écoute active et l'attention supposent d'avoir un objectif qui permet de recueillir de l'information. L'écoute active c'est chercher dans un ensemble de matériaux ce que l'on a décidé d'y trouver. Quand on est assailli par des dizaines de messages publicitaires par jour, quand on cherche un nom dans un annuaire, quand on lit un livre comme celui que vous avez entre les mains, on ne reçoit pas passivement un contenu, mais on sélectionne, dans la lecture elle-même, ce qu'on va retenir en fonction d'un but qu'on s'est donné, un problème qu'on cherche à résoudre ou un désir qu'on a en soi. Il en est ainsi de toute opération intellectuelle. Dans un entretien nous sommes assaillis, à chaque instant, par tellement de sensations, de tous ordres, visuelles, auditives, sensitives, voire olfactives, par tellement de phrases, de mots et de souvenirs qui affleurent à notre mémoire, que, si nous ne sélectionnions pas parmi tout cela, nous ne percevrions jamais rien, nous ne comprendrions jamais rien.

C'est ce qui explique que deux personnes puissent tirer d'un même candidat des conclusions si différentes.

La communication non verbale

Certains consultants recommandent d'observer avec attention la communication non verbale, le langage du corps, les attitudes, les mimiques ou la posture du candidat durant l'entretien.

Selon nous, le décryptage du langage corporel peut être certes utile au recruteur spécialiste, mais n'autorise pas le recruteur occasionnel à tirer des conclusions spécifiques. L'entretien de recrutement est un moment très particulier pour le candidat. Son comportement non verbal pendant l'entretien n'est pas forcément son comportement habituel. Des gestes trahissant une certaine nervosité sont tout à fait légitimes, mais ne sauraient permettre de juger si le candidat est un bon comptable ou non.

Néanmoins, le langage corporel peut compléter le contenu d'une réponse et son analyse peut aider à valider la franchise du candidat, la véracité de ses dires et l'intérêt ou la motivation du candidat pour le poste.

Chez un candidat sincère, le langage corporel est en cohérence avec le langage verbal, sachant que tout individu possède, en dehors de la parole, sept satellites communiquants :

© Éditions d'Organisation

silhouette

environnement
immédiat

posture

voix

accessoires

regard

gestuelle

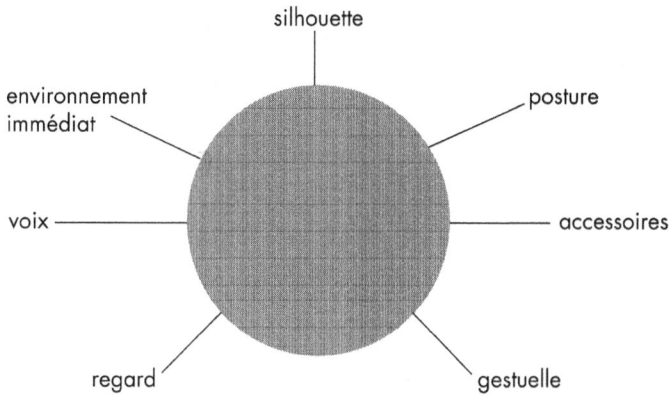

Les 7 satellites communiquants

Pour être crédible et convaincant, le candidat honnête présentera, implicitement, une cohérence entre le langagier et le paralangagier. Un désaccord entre ces deux formes de communication éveillera la méfiance du recruteur, mais pas plus. L'interviewer devra confirmer son impression par une ou plusieurs questions ciblées sur le sujet traité. Il ne faut pas surpondérer le langage corporel. Les signaux extérieurs sont toujours ambigus. Ce sont des indices, pas des preuves. Un candidat qui parle vite et qui remue ses doigts, est peut-être un candidat nerveux, mais c'est aussi peut-être un candidat enthousiaste. Les jambes croisées et les bras posés avec désinvolture sur l'accoudoir peuvent traduire de l'arrogance, mais ils peuvent aussi être interprétés comme un signe de confiance en soi.

Enfin, il ne faut pas oublier que le propre langage non verbal du recruteur influence celui du candidat. Le recruteur efficace n'hésite pas à changer de tactique durant l'entretien, en arrêtant de poser des questions prévues s'il est persuadé d'avoir identifié une compétence. À l'inverse, il continuera à creuser par d'autres interrogations s'il a des doutes sur la maîtrise d'une compétence recherchée.

▉ Savoir interrompre exceptionnellement le candidat

Il peut sembler paradoxal, après avoir chanté les louanges de l'écoute active et de l'observation attentive, de parler d'interrompre le candidat. Et pourtant la maîtrise de l'entretien exige la possibilité d'interrompre l'interlocuteur si celui-ci se lance dans des digressions fleuves ou des descriptions longues et fastidieuses.

Bien que cela puisse perturber, voire offusquer le candidat, il existe des cas extrêmes où il faut l'arrêter pour poser d'autres questions et creuser les faits. Pour l'interrompre, on peut utiliser un truc, éprouvé et efficace. On observe la respiration du candidat et on attend la fin de l'expiration et la courte pause qu'il fait avant de reprendre sa respiration. A ce moment précis, l'interviewer en tendant le bras, paume ouverte vers le candidat, dit : « Excusez-moi, je voudrais vous poser une autre question... ».

Le candidat est remis sur les rails par le sélectionneur et le dialogue peut continuer.

De même, la plupart des candidats ont une fâcheuse tendance à utiliser le « nous » pour parler de leurs expériences et de leurs actions : « Nous avons relancé le produit... », « nous avons présenté au comité de direction... », « Nous avons décidé... », « Nous avons réorganisé le service logistique », etc. Outre que ce « nous » puisse masquer une faible contribution de la personne au sein de l'équipe, il s'agit pour le recruteur de distinguer ce que la personne a réellement fait elle-même en tant qu'acteur principal et non pas en tant que figurant. L'interviewer doit donc demander au candidat d'utiliser le « je », signe d'une véritable implication. L'interviewer peut donc « couper » son interlocuteur, en utilisant, par exemple, la pause respiratoire et la paume ouverte, en disant : « Vous dites « nous » pourquoi pas « je » ? Quel était exactement votre rôle personnel dans ce projet ? ».

▓ Reconnaître à qui on a affaire

Les candidats se « professionnalisent ». Ce n'est pas dérangeant s'ils demeurent sincères et n'affirment pas des contre-vérités.

L'entretien Sherlock Holmes aide à discerner le vrai du faux, le réel de l'exagéré, le spécifique du général. Il s'agit, dans un entretien méthodologique, d'évaluer les compétences, voire le potentiel, mais aussi de valider les affirmations et les actions ou résultats que les candidats s'attribuent, les expériences qu'ils disent avoir vécues et les objectifs qu'ils affirment avoir atteints.

Grâce à une conduite rigoureuse de l'entretien, il devient possible de distinguer les différents types de candidats auxquels on a affaire. Les plus « dangereux » sont les candidats dits « pièges ». « Pièges » car derrière les apparences et les déclarations prononcées avec beaucoup d'assurance, se cachent des montagnes d'exagération, des appropriations mensongères, voire des mensonges tout court.

Un chasseur de têtes affirme que 70 % des curriculum vitae qu'il reçoit sont trompeurs, exagérés ou menteurs. Certains s'inventent des diplômes, d'autres des employeurs, d'autres encore masquent des périodes de chômage.

« Pour un seul mensonge, on perd tout ce qu'on a de bon renom »
Baltasar Gracian

Nous appellerons « bambous », les candidats qui racontent des « histoires », pour rester polis. Les candidats « bambous » sont ceux qui sonnent creux, qui sont vides à l'intérieur. Ils se donnent des rôles précis, qu'ils n'ont jamais joués. Ils sont capables de décrire ce qu'est un bon manager, mais ne le sont pas eux-mêmes. Ils sont capables de disserter sur la créativité, mais n'ont jamais démontré qu'ils étaient créatifs. Ils disent savoir comment mener une équipe à la victoire mais ne l'ont encore jamais fait.

Ces candidats ont étudié ou observé un rôle, mais ne l'ont pas pratiqué. Il y a un décalage entre leurs propos et leurs comportements passés. Ils vous diront, en vous regardant droit dans les yeux, que la maîtrise de soi est une qualité nécessaire du chef, mais sont des colériques patentés avec leurs collègues de bureau.

Le candidat « Pinocchio », parfois difficile à démasquer, est celui qui ment effrontément. Il triche avec la vérité et donc avec les faits. Pour le découvrir, il faut creuser les faits et relancer le débat par des questions factuelles et orientées.

- « Parlez-moi plus en détail de votre dernière présentation devant un public de plus de cent personnes »
- Eh bien, c'était à La Défense, nous devions présenter à l'ensemble de la force de vente, le plan de lancement des nouveaux produits. Nous sommes montés sur la scène et nous avons fait vibrer l'auditoire.
- Vous dites « nous ». Pourquoi ? Qui a parlé ?
- Eh bien, mon directeur général, mon directeur commercial et trois de mes collègues.
- Quel était votre rôle exact, vous, par rapport aux autres ?
- J'ai présenté le nouveau produit A.
- Donc, c'est le directeur général qui a parlé le plus longtemps ?
- Oui, mais mon produit était prioritaire.
- De quoi s'agissait-il ?
- ...
- Combien de temps avez-vous parlé ?
- ...
- Qui vous a précédé à la tribune ? Et après ?
- ...
- Quelle a été la réaction de la salle ?
- etc. »

Dans les réponses du candidat, il s'agit pour l'interviewer de repérer les contradictions et de les éclaircir :

- « Vous m'avez dit que la pression était trop forte, pourquoi ? Qu'entendez-vous par là ? »

Les questions d'éclaircissement, qui prennent souvent la

forme de questions orientées, peuvent créer une certaine tension. En réalité, elles ne deviennent stressantes que pour ceux qui mentent ou déforment la réalité. Un entretien Sherlock Holmes avec des candidats « bambous » ou « Pinocchio » peut être pénible pour le candidat. Les personnes sincères vivront plus facilement la rafale de questions orientées que le recruteur leur assènera. Encore faut-il en user avec parcimonie.

Savoir prendre des notes

« Celui qui prend des notes, écoute bien »
Dante.

Il existe un grand débat au sujet de la prise de notes. Globalement, deux écoles de pensée s'affrontent.

Selon la première, le recruteur doit entièrement concentrer son attention et son intelligence sur les réponses et le langage non verbal des candidats. Il faudrait donc proscrire la prise de notes. Pendant qu'on écrit, on court le risque de manquer des réponses. La prise de notes peut être mal perçue par le candidat car elle serait un signe d'impolitesse. Elle peut aussi perturber l'interviewé : il croira que le recruteur prend des notes parce que ce qu'il vient de répondre est important ; il pourra penser le contraire quand le recruteur ne prendra plus de notes.

La seconde école de pensée recommande de prendre des notes car la mémoire nous trahit tous. Autant le dire tout de suite, nous sommes résolument en faveur de la prise de notes, au cours d'un entretien structuré. Dans la pratique, il faut savoir écouter, tout en prenant des notes et en maintenant un minimum de contacts visuels avec l'interlocuteur. Il s'agit aussi de ne pas cacher la prise de notes, mais d'écrire naturellement. La seule précaution discrète à prendre, est de faire en sorte que le candidat ne puisse pas lire ce que l'on écrit.

Quel type de notes faut-il prendre ? Pour un entretien Sherlock Holmes, la réponse est sans ambiguïté : la retranscription fidèle de ce que le candidat a dit : les verbatims. Ce ne sont ni des commentaires, ni une synthèse, ni des interprétations.

Si le candidat dit :

– « Je me suis expatrié deux fois au cours de ma carrière, en Espagne et en Allemagne, avec ma famille qui m'a suivi sans problème dans ces déplacements ».

L'interviewer ne doit pas écrire :

– « candidat mobile » ou « a déjà connu l'expatriation » ou « sa famille est mobile ».

Il doit retranscrire :

– « Je me suis expatrié deux fois au cours de ma carrière, en Espagne et en Allemagne, avec ma famille, etc. ».

Les verbatims sont très connus des instituts d'études et de sondages qui interrogent des personnes lors d'enquêtes quantitatives (un échantillon représentatif d'une population est sondé) ou qualitatives (une dizaine de personnes, en réunion de groupe, sont interrogées par un animateur sur un sujet donné). Les sondeurs, ou enquêteurs, retranscrivent d'abord de manière intégrale les phrases des sondés. Ce n'est qu'ensuite qu'un spécialiste analysera les verbatims, les synthétisera, les interprétera et pourra en tirer des conclusions. La technique de l'entretien Sherlock Holmes procède du même cheminement intellectuel sauf que l'enquêteur (le sondeur) et l'analyste (celui qui interprète les faits) ne font qu'un : c'est l'interviewer.

« Je me suis expatrié deux fois au cours de ma carrière, en Espagne et en Allemagne,... », c'est un verbatim.
« Le candidat a déjà connu l'expatriation », c'est une synthèse.
« Le candidat est mobile », c'est une interprétation.

« J'ai eu à gérer une équipe de 250 vendeurs », c'est un verbatim.
« Le candidat a une expérience de management », c'est une analyse.

« Le candidat est un bon manager », c'est une interprétation non encore prouvée.

Nous recommandons donc la retranscription aussi fidèle que possible des réponses du candidat. L'idéal serait de retranscrire l'intégralité des réponses, *in extenso*, sans les résumer. Comme dans la pratique, cela s'avère impossible, il faut noter, au cours de l'entretien, les réponses et les bouts de phrases pertinents par rapport aux critères recherchés, les réponses qui permettent de confirmer ou d'infirmer une compétence. Les réponses si elles sont trop longues peuvent être résumées. Par exemple, on peut écrire : « me suis expatrié deux fois, en Espagne et en Allemagne, avec famille, sans problèmes ».

Les notes seront essentielles après l'entretien. Le recruteur les analysera et les interprétera afin de prononcer son jugement sur les compétences de chaque candidat.

Dans tous les cas, il faut éviter, au cours des échanges, d'écrire ses impressions et ses intuitions et même ses conclusions. Autre détail, à ne pas négliger, les notes doivent être lisibles, faciles à relire par une autre personne. Il faut noter le plus de faits possible : chiffres, pourcentages, dates, effectifs, nombre de collaborateurs, organigrammes, taux de croissance, etc. Ces éléments, très souvent, ne figurent pas dans les CV.

La prise de notes est signe de l'intérêt que l'on porte au candidat.

Respecter le candidat

Un entretien de recrutement n'est pas une banale conversation. On sait que la loi prohibe certaines questions indiscrètes. Dans les pays anglo-saxons, aux Etats-Unis en particulier, les règles sont très strictes et l'interviewer doit s'abstenir de faire des demandes qui pourraient lui attirer des ennuis. Les Etats-Unis ont mis au point tout un arsenal juridique pour guider les recruteurs, en particulier la charte de 1981 préparée par *l'Equal Employment Opportunity Commission*. Cette charte interdit les questions sur la race, la couleur de peau, la religion, les origines, la taille, le poids, l'âge, le statut familial, les enfants, le casier judiciaire, etc. La France est relativement plus laxiste en la matière, mais les questions portant sur la religion, les opinions politiques ou la situation familiale (comme « Etes-vous enceinte ? ») peuvent aussi conduire à des ennuis judiciaires. Il est d'ailleurs déroutant pour les Latins de ne pas voir figurer sur le CV des candidats américains l'âge ou la situation familiale (marié, célibataire, etc.).

La plupart des recruteurs veulent néanmoins respecter la loi et l'éthique. Au-delà des aspects légaux et des coutumes propres à chaque pays, nous sommes contre toute forme d'irrespect envers les candidats : la manifestation du désintérêt (l'interviewer, par sa communication non verbale, induit qu'il s'ennuie et n'écoute plus), de l'impatience (le recruteur consulte sans cesse sa montre parce qu'il a un rendez-vous important, il baille ou ses mains jouent avec un stylo), de l'agressivité (l'entretien stress crée un climat de tension et de nervosité inutile et inefficace). Le recruteur doit savoir garder une neutralité ouverte face aux réponses du candidat. L'hostilité est, bien sûr, formellement interdite.

Un candidat a le droit de ne pas répondre à une question ou il a même droit à l'erreur. L'entretien structuré n'est pas stressant pour les candidats sincères, mais il peut le devenir pour les petits malins qui exagèrent ou mentent. Le candidat a l'entretien qu'il mérite. Celui qui ment vivra mal le feu des questions qui cherchent à creuser les faits, à élucider les contradictions ou les zones floues et à trouver la faille.

À la fin d'un entretien Sherlock Holmes rondement mené, les candidats bambous garderont un mauvais souvenir de l'interviewer. Dans l'ascenseur, certains penseront : « Quel imbécile ! ». A un ami qui leur demandera comment ça s'est passé, ils répondront : « Je suis tombé sur un agressif ». En réalité, c'est leur manque de sincérité qui les a mis dans une situation difficile à vivre.

À l'inverse, les candidats honnêtes et compétents apprécient que le recruteur assoie son autorité et son professionnalisme sur la recherche de faits spécifiques, sur son contrôle des échanges et sur sa mise en valeur des éclaircissements ou des faiblesses éventuelles.

Au respect du candidat sur la forme (ponctualité, respect du temps imparti, convivialité de l'accueil, contact visuel, démonstration de l'intérêt, position ouverte qui indique l'écoute active, prise de notes, etc.), doit s'ajouter le respect sur le fond (ne pas poser de questions illégales ou indiscrètes, ayant trait à la vie privée par exemple).

On doit aussi laisser la liberté au candidat de poser des questions au cours d'un entretien. On a vu un recruteur rétorquer à un candidat qui lui posait une question : « Ici, c'est moi qui pose les questions ». Inutile de dire qu'à l'issue de l'entretien, le candidat a téléphoné au chasseur de têtes pour l'informer du retrait de sa candidature. Le chasseur de têtes lui répondit alors, mais un peu tard, que ce manager allait être licencié. L'entreprise avait commis une erreur grave : laisser un responsable conduire un entretien de recrutement alors qu'il allait quitter l'entreprise.

Inutile enfin de rappeler que les réponses des candidats sont confidentielles et ne peuvent être utilisées que dans le cadre strict de l'entretien. Plus le respect des candidats est grand, plus ceux-ci garderont une bonne image du manager qu'ils ont rencontré, et par voie indirecte, de l'entreprise. Les candidats « malheureux », comme on les nomme, constituent la vaste majorité des personnes interrogées. Ils doivent sentir qu'ils ont reçu une juste considération, sans discrimination et que la société a le sens des responsabilités.

« Ne ris pas d'un aveugle,
Ne tourmente pas un nain,
Ne rends pas plus pénible la condition d'un boiteux,
Ne tourmente pas un homme qui est dans la main de Dieu,
Ne t'irrite pas à cause de ses ennuis. »

Poème de Aménémopé tiré de
« La Sagesse vivante de l'Egypte ancienne »

Laisser le candidat poser des questions

En fin d'entretien, il est d'usage de laisser poser quelques questions sur le poste ou la suite du processus de recrutement. Le temps accordé à cette séquence variera selon que l'entreprise et le poste auront déjà été décrits ou non.

Il ne faut pas attacher trop d'importance aux questions que posera le candidat. Tout d'abord, parce qu'elles ont souvent été préparées. Ensuite parce que, la plupart du temps, ce sont des questions de simple information. Les candidats matures se renseignent, en général, en profondeur avant leur premier entretien sur l'entreprise.

Jusqu'au bout, le recruteur doit rester ouvert. Ses réponses seront précises, factuelles et sincères.

Conclure

La conclusion de l'entretien compte autant que l'introduction. Elle doit laisser une image positive de l'entreprise et du recruteur à tous les candidats. Avant de conclure, il faut, bien sûr, vérifier que l'on a obtenu toutes les réponses à ses interrogations. On indiquera au candidat quelles seront les prochaines étapes et leurs délais : quand, comment et par qui il sera recontacté pour lui annoncer s'il est retenu ou non pour le poste.

Enfin, il faudra remercier le candidat, en lui serrant la main et en le raccompagnant à l'ascenseur ou à la sortie.

Faut-il, dans certains cas, faire une offre à la fin de l'entretien ? Nous pensons que non, même si on a un coup de foudre pour le candidat, c'est-à-dire même si on est certain d'avoir identifié toutes les compétences recherchées. Certes, les oiseaux rares sont « chassés » par beaucoup de cabinets et d'entreprises, mais ils peuvent attendre au moins le lendemain de l'entretien pour les meilleurs d'entre eux. En effet, dans un premier temps, il faut bien consulter les autres personnes qui ont participé au recrutement. Ensuite, il vaut mieux prendre dix minutes pour relire ses notes, les analyser, les interpréter et écrire sa conclusion. Dès le lendemain matin, voire le soir même, s'il y a accord avec les autres interviewers sur les modalités de l'offre (salaire, date d'entrée, conditions de déménagement, etc.), on pourra recontacter le candidat pour lui annoncer la proposition.

Synthèse de l'entretien

1. Accueillir le candidat	– en étant ponctuel – en le mettant à l'aise – en créant l'empathie
2. Ne pas se fier à la première impression	
3. Annoncer les règles du jeu	– présentation – durée de l'entretien – thèmes à aborder
4. Avoir une attitude adulte	– contact visuel – attitude chaleureuse et ouverte – écoute – comportement rationnel, neutre, logique, objectif
5. Ecouter 80 % et parler 20 % du temps	
6. Se méfier des apparences	– le contenu plus que le contenant – les faits plus que les impressions
7. Maîtriser l'entretien	– accoucher les faits – rester flexible et dynamique
8. Rechercher les faits	– qui ? – quoi ? – comment ? – où ? – pourquoi ? – quand ?
9. Poser les bonnes questions	– plutôt des questions ouvertes, neutres, concrètes, ciblées, comportementales
10. Creuser et approfondir les réponses	– les faits et le vécu

11. Attendre, observer	– l'écoute active – la communication non ver- bale
12. Savoir interrompre et reconnaître à qui on a affaire	– pour les candidats qui parlent trop ou qui exagèrent : bambou ou Pinocchio
13. Prendre des notes	– les verbatims
14. Respecter le candidat	– contraintes légales – éthique
15. Laisser le candidat poser des questions	
16. Conclure	

4 Après l'entretien

Préparer la décision

La vie professionnelle des managers est faite de décisions, mais aussi d'explications à fournir et de comptes à rendre, parfois au sens comptable du terme. Au quotidien, l'explication sur les décisions que l'on prend ou que l'on recommande de prendre est aussi essentielle que les décisions elles-mêmes.

Après l'entretien, il s'agit donc pour les responsables d'analyser dans un premier temps les éléments recueillis, puis, dans un deuxième temps, de se forger une opinion et enfin de la confronter avec celle des autres recruteurs. La décision finale viendra à ce moment-là : l'embauche d'un ou plusieurs candidats ou la poursuite des recherches.

Beaucoup de recruteurs « intuitifs » éprouvent bien sûr les pires difficultés, dans cette phase, à justifier leurs choix, puisque ceux-ci se fondent sur des impressions, des sentiments, des sensations physiques ou des messages « intérieurs ». L'intuition, par définition, ne recourt pas au raisonnement. Il est donc impossible d'argumenter sur des choix intuitifs.

Grosso modo, la prise de décision passera par le processus suivant :

1. *Tri de l'information*
   – en séparant l'essentiel de l'accessoire
   – en jugeant les critères importants

2. *Justification des jugements et des prises de position*

3. *Discussion avec les autres recruteurs*

– mise en commun
– justification des positions

Faire sa propre synthèse à chaud

Dans un premier temps, et ce, dès le départ du candidat, il faut donc remplir la fiche que nous appellerons « synthèse d'entretien ».

L'appréciation se fait par rapport aux critères spécifiques recherchés (leadership, créativité, rigueur, etc.). Elle se fonde sur les verbatims et les faits recueillis. C'est un moment crucial avant la décision finale. La comparaison avec une enquête de détective prend ici tout son sens. Le détective regroupe les indices et les divers éléments du puzzle. Certains indices constitueront les preuves tangibles sur les compétences, d'autres pourront éclairer la personnalité des candidats.

L'interprétation des faits se fera tout d'abord en attribuant des notes, par exemple, sur chaque critère recherché ; ensuite en justifiant chaque note avec des faits tirés de l'entretien ; en relisant les verbatims plusieurs fois avant de formuler des conclusions finales ; enfin en défendant ces notes et leurs arguments devant les autres recruteurs.

On n'insistera jamais assez sur l'impérieuse nécessité de remplir la fiche synthèse d'entretien dès le départ du candidat ; c'est-à-dire quand on se retrouve seul à son bureau et, bien entendu, avant de passer à toute autre activité, même urgente. La synthèse se fait à chaud pour coller au plus près à la réalité du candidat, à ses réponses et au fond de ses affirmations. A froid, la mémoire trahit toujours l'objectivité nécessaire ; la relecture des verbatims sera plus difficile ; le jugement en faisant appel à la mémoire, forcément sélective, se fondera alors plus sur l'intuition et sur des impressions.

Un bon entretien de recrutement dure donc en fait environ une heure et quart : cinq minutes avant, seul, pour préparer et se mobiliser ; une heure environ d'entretien proprement dit ; et dix à quinze minutes pour remplir la fiche de synthèse.

Il ne faut donc pas prendre de rendez-vous sitôt le candidat parti, mais bien intégrer ce petit quart d'heure de post-entretien dans l'agenda.

Il ne sert à rien de repousser à plus tard cette prise de décision majeure.

> « Certains hommes d'État et généraux essaient d'éviter la bataille décisive. L'Histoire a détruit cette illusion. »
>
> **Karl Von Clausewitz.**

La fiche de synthèse a pour objectif de noter les critères, d'identifier les points forts et les points faibles, d'étalonner les candidats entre eux et de conserver une trace écrite de chaque évaluation. En une page, elle étayera chaque critère par des faits et des expériences professionnelles qui permettent d'illustrer le jugement.

Pour évaluer les critères, on pourra utiliser des notes. Certains spécialistes déconseillent les notations car elles donnent l'impression de mathématiser un domaine, l'humain, qui reste, quelle que soit la méthode utilisée, subjectif et non scientifique. Nous proposons les notes, non pas pour les additionner avec celles des autres recruteurs, ni pour les comparer avec celles obtenues par les autres candidats, mais seulement pour donner des repères directionnels et obtenir une relative échelle des valeurs, comme par exemple :

4	critère totalement maîtrisé	=	excellent
3	critère bien maîtrisé	=	bon
2	critère moyennement maîtrisé	=	moyen
1	critère peu présent	=	médiocre
0	critère pas du tout présent	=	très mauvais

On écrira pour chaque critère les verbatims et les faits qui justifient la notation. Mais attention aux notes, car l'évaluation est un tout, pas seulement la somme des compétences. L'analyse des critères ne suffit pas. On ne juge pas seulement un candidat par tranche, mais aussi dans sa globalité.

Après avoir noté chaque critère, il faut juger le candidat dans son ensemble. On écrira son bilan global en choisissant parmi quatre évaluations possibles du type :

candidat exceptionnel	possède tous les critères recherchés, plus d'autres qui sont apparus au cours de l'entretien et qui témoignent d'un grand potentiel d'évolution
bon candidat	possède à peu près tous les critères essentiels et à peu près les critères secondaires
candidat moyen	possède seulement une partie des critères
candidat inférieur aux standards requis	ne possède pas tout ou partie des critères essentiels.

Il est encore bon de rappeler que les adjectifs « exceptionnel », « bon », « moyen » ou « inférieur » ne sont que relatifs. On ne porte pas un jugement dans l'absolu sur le candidat, mais une évaluation relative à un poste, à une entreprise, à un recruteur et à un contexte très particulier, celui de l'entretien de recrutement. On ne peut lui ôter, même avec la méthodologie de ce livre, la dramaturgie inhérente à la recherche d'un emploi et une forme de théâtralisation implicite où chaque interlocuteur joue un rôle.

Au moment de l'évaluation globale, il faut se méfier des effets de halo. Un halo négatif se crée quand une faiblesse sur un critère produit un point d'ancrage dans l'esprit du recruteur et vient polluer tous les points forts existant par ailleurs. Un effet de halo positif apparaît dans la situation inverse.

La surpondération d'une appréciation favorable ou défavorable peut faire pencher la balance du côté du rejet ou de l'embauche, alors même que l'évaluation des autres critères n'est pas prise en compte. Par exemple, la capacité de communication est différente de la qualité de négociation. Un grand footballeur ne fera pas forcément un grand entraîneur. Les effets de halo ou les surpondérations interviennent quand le jugement ne se fonde pas sur les comportements observés ou vécus.

Une des tendances naturelles des managers français, par rapport aux Anglo-Saxons, est de donner plus de poids aux points négatifs qu'aux points positifs. Cela peut sembler d'ailleurs une hérésie dans une culture d'entreprise où est valorisée l'attitude mentale positive. Dans la plupart des organisations, à haut niveau (pas pour les débutants), un manque de points négatifs est un des plus importants facteurs clés de succès. Un point négatif est simplement un facteur pour lequel l'individu ne va pas pour le poste. Cela ne rend pas la personne « mauvaise ». Les gens ne réussissent pas grâce à une utilisation complète de leurs forces, mais souvent parce qu'ils n'ont pas de faiblesses significatives. Les facteurs positifs d'adéquation au poste ne garantissent pas le succès, mais des facteurs d'inadéquation peuvent garantir l'échec. Beaucoup de livres sur les conseils de carrière conseillent de « penser positif », de tout miser sur les forces et de ne pas se préoccuper des faiblesses. C'est valable pour les postes de bas niveau. Plus on monte dans la hiérarchie, moins il faut avoir de défauts pour planifier, organiser, diriger, animer, contrôler, motiver, etc. Un candidat à haut potentiel répondait à un interviewer qui lui demandait :

– « Quelle est votre principale qualité ?
– Ma principale qualité est de ne pas avoir de défauts ».

L'absence de points négatifs est souvent un meilleur gage de réussite qu'un mélange de points très positifs et de points négatifs.

Enfin, au bas de la fiche de synthèse, il faut écrire oui ou non tout simplement, c'est-à-dire s'il faut recruter le candidat.

Se réunir avec les autres recruteurs dès la fin de l'entretien

Quand il y a plusieurs recruteurs, il est nécessaire de les réunir, aussi vite que possible, après le départ du dernier candidat. Là aussi, le temps nuit à la pertinence des décisions car il efface les réponses.

La réunion en groupe sert à partager les informations et à décider. Dans bien des cas, en entreprise, les décisions se prennent après un processus de confrontation, d'argumentation et de partage des points de vue et des opinions. Les jugements partagés réduisent les risques.

Pour chaque candidat, les recruteurs, à tour de rôle, lisent leurs appréciations et les commentent. Ils doivent se justifier sur chaque critère fondamental (éliminatoire) par des faits et des informations recueillies. Chacun peut poser des questions quand les faits ne sont pas clairs : « Pourquoi ?... Pourquoi dites-vous que le candidat manque de leadership ? Qu'est-ce qui peut prouver votre opinion ?... » Chaque interviewer justifiera ses jugements par des comportements observés : « Il a de l'initiative, car c'est lui qui a recommandé d'ouvrir un bureau en Hongrie ; c'est lui qui a recruté l'agent commercial sur place et il a passé six mois là-bas pour y faire démarrer les activités de distribution ».

Quand il y a débat sur un critère, on peut comparer les notes et discuter les faits. La discussion, de bonne foi, doit prendre le temps qu'il faut pour que chacun soit convaincu de la pertinence de chaque opinion. Il ne faut pas fonder son jugement seulement sur le sien, mais écouter aussi les autres. Décidément, l'écoute est bien la qualité essentielle du bon recruteur ! Certains interviewers ont pu observer des faits que l'on n'a pas soi-même discernés. Il faut aussi avoir le courage d'avouer qu'on ne sait pas, que l'on a un doute ou que l'on n'a pas identifié le critère.

Chaque recruteur communique son jugement aux autres de manière concise, claire, logique et bien argumentée. La prise de notes et les verbatims s'avèrent ici très utiles. La formalisation écrite des commentaires aide à aller à l'essentiel, à éviter le superflu et à hiérarchiser les commentaires, surtout quand il y a beaucoup de candidats à évaluer ou que l'interviewer a peu conduit d'entretiens de recrutement.

Soigner les commentaires

Nous n'insisterons jamais assez sur un élément déterminant de la bonne conduite, de l'efficacité et des conclusions d'une réunion de debriefing de recrutement : la forme des commentaires est aussi importante que leur fond. Sinon, ces réunions s'éternisent, les participants se répètent et peuvent entrer en conflit.

Faire un commentaire pertinent, clair, compris et constructif sur un candidat, ne s'improvise pas. Un bon commentaire doit avoir les qualités suivantes :

clarté	le commentaire est-il compréhensible ? Est-ce que les autres le comprendront ? La réalité montre que beaucoup de commentaires sont flous, exprimés avec confusion et contiennent des sous-entendus ou des arrière-pensées compris seulement par ceux qui les expriment.
signification	le commentaire a-t-il un sens ? Va-t-il faire progresser le débat ? Est-il utile ? Si ce n'est pas le cas, il vaut mieux ne pas le faire.
objectivité	le commentaire est-il objectif ? Est-il le résultat d'une évaluation juste et objective ou est-il seulement le reflet d'un préjugé ou d'un *a priori* ? Si la réponse à une des questions est « non », il faut s'abstenir de faire le commentaire.

Eviter les pièges

Malheureusement pour l'objectivité des évaluations, les impressions recueillies par l'évaluateur jouent un rôle fondamental dans l'appréciation des compétences des individus. Le jugement peut reposer exclusivement sur la perception des individus. Il faut donc, là encore, se méfier des effets de halo et des perceptions.

Pour cela, il vaut mieux se raccrocher aux comportements vécus du candidat. En sachant que les comportements récents sont les meilleurs révélateurs de ce que seront les comportements futurs des candidats.

Il faut aussi imaginer que tout comportement est motivé par quelque chose.

Parmi les autres pièges, on peut citer le fait de :

– ne pas écouter les autres interviewers : se fier à sa seule évaluation ;
– faire des commentaires alors qu'on n'a rien de plus à dire que les autres ;
– faire des commentaires non opérationnels : si l'on s'exprime, c'est pour prendre position, pour clarifier un point de vue, et pour aider à la décision. Pour cette raison, les grandes généralités et les grands principes théoriques non étayés sont à éviter : « En général, ce genre de candidat ne s'adapte pas chez nous. », « Par principe, nous rejetons. », etc.
– croire que certaines réponses sont des coïncidences. Dans un entretien de recrutement il y a peu de coïncidences.
– donner un jugement sans fait : il ne faut pas sauter trop vite aux conclusions.
– s'appesantir lourdement sur ses conclusions : si chaque personne s'exprime pendant de longues minutes, la réunion sera interminable.
– discuter des points mineurs ou de détail, au lieu de s'attarder sur les critères clés. Les critères de sélection secondaires peuvent, en outre, être améliorés par de la formation ou du coaching.

Se garder de l'idiosyncrasie

L'idiosyncrasie (du grec « idios » particulier et de « synchrasis » mélange) est, selon le dictionnaire Larousse, « une manière d'être particulière à chaque individu qui l'amène à avoir des réactions ou des comportements qui lui sont propres ». Un élément « idiosyncratique » d'un comportement est propre à chaque individu donné et il ne peut être attribué à un processus psychologique généralisé.

Nous avons tous des réactions personnelles qui nous font aimer ou détester certains mots, couleurs, visages, musiques, etc. Au cours du processus d'évaluation des candidats, il faut éviter ces jugements idiosyncratiques du type : « Je n'aime pas ce candidat », « Son costume ne me plaît pas ». L'idiosyncrasie est l'écueil majeur de la bonne évaluation d'un candidat. Elle est un obstacle à la nécessaire objectivité du jugement. Un bon jugement se fait sur la base d'un profil de poste et de critères identifiés, et en suivant une méthode rigoureuse de recherche des faits et non sur la base de sentiments uniquement personnels et non partagés par les autres.

Il faut donc manipuler ses idées personnelles avec prudence, même si l'utilisation du pronom personnel « je » donne du poids à ses prises de position.

Ne pas cacher son enthousiasme pour un candidat

Certes l'exigence est obligatoire. Les interviewers ne sont pas là pour sélectionner le « moins mauvais ».

Mais l'expérience montre qu'il est plus facile de dire « non », ou de refuser un candidat que de dire « oui ». Hélas, non pas en raison d'une trop grande exigence, mais par manque de méthode et de rigueur, recruter quelqu'un c'est forcément prendre un risque. Sans méthode, les recruteurs travaillent sans filet ; ils se sentent mal à l'aise dans le débriefing quand il s'agit d'expliquer leurs choix ou de donner des raisons. Les « j'aime » ou « je n'aime pas », et les « je ne le sens pas » rendent plus aléatoire la sélection. Il est donc plus confortable de rejeter des candidats sur le « feeling » que de les embaucher. Une sélection au « feeling » qui s'avérerait malheureuse après l'embauche, nuirait à la réputation du manager. C'est une situation psychologique paradoxale que vivent les recruteurs non méthodiques : ils doivent choisir parmi les candidats car ils en ont besoin, mais il est plus facile de les rejeter.

En outre, les esprits français, cartésiens et critiques, soumis à l'école à une éducation compétitive, sont plus formés à dénicher les défauts et les faiblesses qu'à s'enthousiasmer sur les forces et les qualités.

Quant à la comparaison des candidats entre eux, c'est un outil à manier avec précaution. On ne doit comparer les candidats entre eux que s'ils répondent à tous les critères d'embauche. Tous auraient pu être recrutés et il faut donc choisir le meilleur puisqu'il n'y a qu'un seul poste offert.

La comparaison entre deux candidats performants et « recrutables » se fera aussi sur la base des critères les plus importants, éventuellement en se référant aux notes. L'approche à la Sherlock Holmes permet alors de choisir le meilleur sur les critères essentiels.

Ne pas se prendre trop au sérieux

On peut travailler professionnellement tout en s'amusant. C'est même recommandé. Quel que soit l'enjeu du recrutement, le choix d'un ou plusieurs candidats n'exclut pas une certaine décontraction, voire du « plaisir ».

On peut très bien concilier un agenda rigoureux, le respect des besoins et des délais, la précision des questions opérationnelles, l'écoute des candidats et des autres recruteurs, avec une attitude détendue et amicale, et le sens de l'humour – à condition qu'il n'y ait pas d'ironie ou de vexation d'autrui.

Choisir un collaborateur est une grande responsabilité, mais cela ne veut pas dire que l'on doive s'ennuyer durant le processus de sélection, surtout au moment de la confrontation des opinions avec les autres interviewers. Après tout, il est plus exaltant et excitant d'embaucher quelqu'un que de licencier. Même si au cours du processus de sélection, certains candidats, parfois déjà au chômage, seront rejetés.

La rigidité seulement apparente des processus décrits est parfaitement compatible avec une grande flexibilité d'esprit, d'attitude et d'humour.

Décider et répondre au candidat au plus vite

On ne doit pas oublier la finalité d'une réunion de debriefing : trouver un consensus, si possible, et décider du recrutement d'un ou plusieurs candidats. Dans certaines entreprises, ou cabinets de conseil, l'embauche se fait seulement s'il y a una-nimité. En cas de désaccord, selon nous, la responsabilité finale de la décision appartient au manager avec qui travaillera le futur salarié et non au supérieur hiérarchique de ce manager.

Les réponses au candidat doivent se faire aussi vite que pos-sible. Une fois les décisions prises, l'idéal serait d'envoyer les lettres dès le lendemain.

Pour les candidats rejetés, la lettre doit être neutre et, bien sûr, respecter l'individu. Malgré les qualités, il faut lui répondre qu'un autre candidat a été retenu ou que l'entreprise a estimé qu'il ne convenait pas pour le poste. Inutile de s'appesantir sur les raisons ou les détails du refus.

« Les meilleurs combattants composeront cette expédition, mais que les autres ne se croient pas moins qualifiés. » [1]

Pizzaro, dans le film Aguirre,
la colère de Dieu de Werner Herzog.

Bien que cela soit rare, certains candidats rejetés rappellent le manager ou le service des ressources humaines pour avoir de plus amples explications sur les causes de leur échec. Nous conseillons là aussi, de rester le plus neutre possible, sans met-tre l'accent sur les défauts perçus pendant l'entretien. Le manager ne peut hélas, résoudre tous les problèmes du can-didat. Il faut laisser le soin au chasseur de têtes, s'il avait été consulté, de discuter avec le candidat.

Pour le candidat retenu, la procédure doit être rapide. Il faut

---

1. Cité par François Aélion dans *Manager en toutes lettres*, paru aux Editions d'Orga-nisation.

le recontacter pour discuter des modalités d'embauche ou négocier le contrat de travail. Un entretien supplémentaire sera parfois nécessaire. Certaines entreprises font parvenir par courrier, dès la fin du debriefing, le contrat de travail signé au candidat sélectionné, qui a parfois la surprise, le lendemain, de trouver dans sa boîte aux lettres, la proposition d'emploi.

Très souvent, les candidats retenus sont les meilleurs et donc les plus recherchés par les entreprises concurrentes d'un même secteur d'activité. Combien d'entreprises ne perdent-elles pas de candidats, pourtant choisis, par paresse ou par manque de promptitude à leur répondre ou à leur envoyer la proposition ?

Quant à celles qui ne répondent même pas aux candidats rejetés, elles doivent s'interroger sur l'efficacité de leur gestion des ressources humaines.

Améliorer ses compétences

S'entraîner

Comme toute méthode, celle exposée dans ce livre ne devient efficace que si on la pratique. Mais dès le premier entretien, le néophyte sentira une énorme différence avec les « trucs » empiriques qu'il utilisait jusque là. Tous ceux qui ont été formés à l'entretien de recrutement structuré et méthodologique « à la Sherlock Holmes » disent avoir nettement amélioré la qualité de leurs recrutements. Ils affirment avoir pris confiance dans leur rôle de manager recruteur. Dans le débriefing, au moment d'exposer leurs choix aux autres, ils reconnaissent avoir gagné en assurance. Dès la première fois, certains rajoutent même que cela « a changé leur vision du recrutement ».

Au bout de trois entretiens menés « à la Sherlock Holmes », la méthode devient plus naturelle. Mais il faut évidemment ne pas lâcher prise, garder la rigueur intellectuelle de la démarche, se préparer avant l'arrivée du candidat, s'astreindre à noter les verbatims, remplir sa fiche d'entretien, se réunir avec les autres dès la fin des entretiens, etc. Il faut donc régulièrement relire les principes de la méthode et se servir des synthèses de ce livre comme un guide de persévérance. En un mot, il faut s'entraîner et consacrer un minimum d'entretien à sa forme mentale. Les plus grands champions gagnent aussi grâce à leur entraînement.

S'auto-analyser

L'auto-analyse, après les premiers entretiens, est très utile. Elle permet d'auto-évaluer les points suivants :

– la préparation de l'entretien (respect des délais, durée, liste des critères) ;
– le type de questions posées (concrètes, spécifiques, ouvertes, dirigées) ;
– l'écoute (la règle des 20/80, active) ;
– l'empathie (accueil chaleureux, respect) ;
– le contrôle (relance, interruption, dynamisme) ;
– la prise des verbatims ;
– la fin de l'entretien ;

Développer son expertise

La compétence et la confiance viendront peu à peu pour l'interviewer inexpérimenté. Mais certains auront besoin d'aiguiser leurs talents avec d'autres. Si le manager est amené à mener beaucoup d'entretiens tout au long de l'année, il pourra se former auprès d'un interviewer compétent :

– tout d'abord en assistant à un premier entretien, sans poser lui-même de questions au candidat ;
– ensuite en se répartissant les questions à 50/50 avec son « tuteur » ;
– enfin en conduisant l'entretien à 100 % sous l'observation de l'autre manager.

À la fin de cette expérience, un debriefing aura lieu.

Pour évaluer un interviewer, on commentera :

- l'avant entretien (la préparation des critères recherchés, le plan, la liste des questions posées, etc.) ;
- l'entretien proprement dit (l'accueil, le langage corporel de l'interviewer, les questions ouvertes, les informations sur les critères recherchés, les relances, la prise de notes, la fin de l'entretien) ;
- l'après-entretien (lui faire faire une synthèse de l'entretien, lui demander son évaluation sur les critères essentiels justifiée par des faits, sa décision).

Parmi les questions à poser : Comment a-t-il vécu l'entretien ? Qu'y avait-il de positif ? Qu'y avait-il de négatif ? Qu'a-t-il oublié ? Qu'a-t-il bien fait ? Qu'a-t-il mal fait ?

Parmi les compétences principales du recruteur, on peut citer :

- la connaissance du poste ou de l'activité pour juger la réalité de l'expérience du candidat. Un généraliste éprouvera plus de difficultés à évaluer un candidat pour un poste qui requiert de la technicité ;
- l'expérience de l'entretien méthodologique ;
- la capacité d'adaptation : l'entretien doit être dynamique et il peut faire émerger des informations non prévues dans l'ordre du plan. Les interactions peuvent s'enchaîner avec rapidité ;
- le pouvoir sur le recrutement ;
- et, par dessus tout, l'écoute active.

Il y a, dans toutes les entreprises, une vraie nécessité de développer une expertise des recruteurs.

S'approprier la méthode

Plus on pratique l'entretien à la Sherlock Holmes, plus on se l'approprie et, paradoxalement, plus on peut l'oublier ou en tout cas s'en détacher. Peu à peu, la méthode et le processus deviennent des réflexes et une « seconde nature ». Comme le financier chevronné sait trouver dans des bilans la faille, car il a passé des années à les analyser et les décortiquer. De même qu'un grand vendeur, formé grâce à des méthodes de vente éprouvées, et « coaché » par des chefs de vente compétents et formateurs, saura utiliser les techniques de négociation sans s'en apercevoir et en les agrémentant de sa touche personnelle. Ainsi le footballeur professionnel n'a-t-il plus besoin de réfléchir à la position de son pied par rapport au ballon au moment du tir ou le champion de tennis de se préoccuper de l'inclinaison de sa raquette au moment du revers.

L'entretien de recrutement sera d'autant plus efficace et pertinent qu'il paraîtra naturel et spontané.

Tout apprentissage passe par ce stade de réappropriation. Les plus talentueux finiront par recréer ou réinventer la méthode, en faisant ce que l'on peut nommer un « saut intellectuel ». Mais ils en conserveront les principes de base.

Accepter l'erreur et respecter l'éthique

Dans le domaine des ressources humaines en général et du recrutement en particulier, il ne peut exister de recette miracle qui réduise à zéro la marge d'erreur. Mais on peut chercher à s'en approcher, ou plutôt à s'éloigner le plus possible de la loterie ou du pur hasard.

De toute façon, tout manager a droit à l'erreur.

« Toutes nos erreurs sont des jugements téméraires, et toutes nos vérités, sans exception, sont des erreurs redressées »

Alain dans Propos.

En revanche, le manager n'a pas le droit à l'échec. Une erreur ne devient un échec que si l'on refuse de la corriger. L'échec, quand il s'agit de recruter un collaborateur, ce serait systématiquement se tromper, en embauchant des personnes qui ne correspondraient pas aux besoins requis par l'entreprise.

Un recrutement imparfait peut fort heureusement être transformé en réussite, si l'intégration dans l'entreprise est bien réalisée et si un bon plan de formation ou coaching est mis en œuvre.

Si l'erreur est un droit, le respect de l'éthique est une impérieuse obligation du bon recruteur. Il faut donc s'abstenir non seulement de toute discrimination sanctionnée par la loi mais aussi de toutes les questions blessantes ou qui touchent à la vie privée des candidats. Ce respect de l'éthique s'exprime aussi par un comportement adulte, la ponctualité, la préparation, la rapidité avec laquelle on répond à tous les candidats, surtout ceux qui ont été refusés, etc.

On ne peut que désapprouver les managers qui arrivent systématiquement en retard aux rendez-vous. Ceux qui font patienter une heure, dans les cabinets de recrutement ou dans les entreprises, le chômeur qui s'est déplacé à ses frais pour décrocher cet emploi ô combien convoité. Ceux qui accueillent les postulants avec froideur et maladresse. Ceux dont les questions sont stressantes, agressives, volontairement déstabilisantes. Ceux qui cherchent à mettre mal à l'aise. Ceux dont les attitudes hautaines servent à mettre le candidat en situation d'infériorité.

Combien de ces managers, aujourd'hui recruteurs, se retrouveront-ils un jour, par suite de licenciement ou d'un échec, en position inverse, celle de candidat ? Combien d'entre eux pesteront-ils alors contre ces comportements et ces pratiques qu'ils jugeront irrespectueuses et abusives, et qui étaient justement les leurs quand ils avaient le beau rôle ?

Les conditions pratiques d'un bon jugement ainsi créées, il faut ensuite s'armer de patience et se former. Tout recruteur est un être pensant qui cherche à comprendre le pourquoi de ses préférences, pour mieux les fonder si possible. Se contenter

de dire « j'aime » ou « je n'aime pas » est sans doute subjec-
tivement admissible, mais c'est par trop sommaire. Avec de
la formation et de la méthode, le jugement, fondé avant sur
des « sentiments » ou un « feeling », va s'intellectualiser pro-
gressivement.

Le choix d'un candidat ne peut donc s'appuyer valablement
que sur une compétence acquise grâce à la formation et la
pratique, par une intelligente curiosité, par le désir de
comprendre le pourquoi et le comment. Ce choix repose donc
sur une sensibilité éclairée qui doit avant tout se garder des
jugements hâtifs et superficiels.

Conclusion

Choisir un candidat : une stratégie, une méthode, un comportement

Un acte de management

Choisir un candidat est un acte de management majeur, quel que soit le poste qu'on occupe et quel que soit le poste pour lequel on recrute. La plupart des hommes et des femmes d'entreprise auront un jour à gérer ce choix du début (décision de lancer un recrutement, définition du poste) à la fin (choix proprement dit du collaborateur), en passant par la phase de sélection des candidats qu'ils interrogeront, quelle que soit la taille de l'entreprise (petit commerçant choisissant un employé, patron de PME choisissant un commercial ou un comptable, artisan choisissant un intérimaire, PDG décidant de nommer un directeur général, responsable d'une agence de travail temporaire recrutant un mécanicien, etc.).

Le jugement et le choix d'un candidat, par le biais d'un entretien, requièrent diverses compétences stratégiques, tactiques, méthodologiques, opérationnelles et humaines. De par sa complexité, le recrutement constitue un acte managérial complet. En effet, il implique de définir un poste et des objectifs, d'identifier des critères de choix et des compétences, de tracer un plan d'entretien, de préparer, d'évaluer de l'humain et de l'incertain, de prendre des risques, d'écouter, de confronter ses opinions avec les autres, d'analyser, de synthétiser, de décider, etc. N'est-ce pas le cœur même de ce que l'on appelle le management des hommes ?

Le jugement d'un candidat grâce à un entretien n'est donc

pas seulement un processus intellectuel et oral. Il fait appel à un sens stratégique aigu, au suivi d'une méthode opérationnelle et pragmatique et enfin à une sensibilité relationnelle prononcée.

Le sens de la stratégie implique de :

- savoir à l'avance ce que l'on veut ;
- formaliser les critères et les compétences recherchés ;
- hiérarchiser les critères d'évaluation et de choix ;
- créer la situation qui permettra, après préparation, de choisir efficacement et facilement le meilleur candidat.

Le suivi d'une méthodologie efficace suppose de :

- suivre une démarche logique qui évalue la présence des compétences par la recherche de faits ;
- avoir un sens pratique rigoureux ;
- synthétiser ce cheminement analytique en une décision concrète et synthétique.

La sensibilité relationnelle implique :

- d'avoir un comportement et une motivation irréprochables ;
- de conserver une attitude de respect par des questions appropriées ;
- de motiver, stimuler et pousser les candidats à donner le meilleur d'eux-mêmes et à apparaître sous leurs vrais traits de personnalité ;
- de trouver un consensus avec les autres recruteurs par la persuasion logique ;
- pour les plus initiés, de former, encadrer et développer d'autres futurs recruteurs ;
- de respecter fondamentalement autrui.

Le roseau communicant

L'école de Palo Alto, berceau du comportementalisme et des logiques de communication, nous enseigne, entre autres choses, qu'on ne peut pas ne pas communiquer et que tous les problèmes humains sont des problèmes de communication.

L'homme d'entreprise, responsable d'un projet de recrute-ment grâce à un entretien, est avant tout un « roseau communicant ».

Parce que la communication entre les hommes obéit à des règles quasi-scientifiques, la manière de recruter un collabo-rateur doit obéir, elle aussi, à des règles quasi-scientifiques. Certains rétorquent que la nature humaine est trop complexe pour être enfermée dans des cadres méthodologiques et que l'intelligence est parfois surpassée par des intuitions géniales, qu'on appelle aussi chance ou hasard. Nous répondrons que si les jugements et les processus du cerveau humain restent encore impénétrables (voir en annexe question 7) on peut, sans conteste, contribuer à mieux organiser les situations et les conditions dans lesquelles vont s'exercer ces jugements et ces processus.

Une entreprise, quelle que soit sa taille, ne peut pas laisser le choix de ses collaborateurs au hasard. C'est la raison pour laquelle nous avons proposé dans ce livre une méthode qui réduit les incertitudes et structure les entretiens.

Certes, on dit souvent que les grands généraux, même quand ils ont appliqué la meilleure des stratégies et des tactiques au moment des batailles décisives, ne peuvent se passer de la chance. Le détective, lui aussi, trouve certains indices par hasard. La méthode recommandée dans cet ouvrage n'exclura jamais la chance.

Savoir et pratiquer pour mieux oublier

Savoir, faire, savoir-faire, faire-savoir

Nous donnerons un ultime conseil pour bien assimiler les règles conseillées et pour qu'elles soient encore plus efficaces : il faut oublier la méthode et les processus recommandés quand ils sont devenus des réflexes naturels et quand les atti-tudes et questions de l'interviewer, initialement mécaniques et maladroites, deviennent naturelles et, en apparence, spon-tanées.

Chacun y apportera sa touche personnelle et son style propre qui lui donneront plus d'authenticité. Les plus sérieux des managers ne devront pas, cependant, modifier exagérément leur gravité pour plaisanter maladroitement. A l'inverse, les managers dotés d'un sens de l'humour affirmé pourront pimenter l'entretien de leur décontraction naturelle et non ironique.

Mais ne nous leurrons pas, pour ce « savoir-faire », il faut tout d'abord « savoir » et ensuite « faire ». Seul l'apprentissage motivé d'une nouvelle méthode permet de modifier des comportements. Or, curieusement, rares sont les entreprises qui forment leurs managers, dont ce n'est pas la profession, à interviewer les candidats qu'ils doivent recevoir. Ce manque de formation, de connaissances et de compétences de tous ceux qui ont un jour, occasionnellement ou régulièrement, à conduire des entretiens de recrutement, est inquiétant. Ces lacunes ont un grave impact sur leur capacité à juger avec objectivité et professionnalisme les futures ressources humaines de leur entreprise.

Mais le savoir ne suffit pas, il faut aussi le mettre en pratique, l'expérimenter, l'exercer. Nous invitons donc tous les managers, après s'être formés, à former leurs collaborateurs, à les encadrer, à les stimuler et à « faire savoir », en apprenant aux autres. Cela passe par la présence des managers aux entretiens de recrutement, en accompagnement ou en tant qu'acteur, et aux séances de debriefing. La pratique, il faut le répéter, permettra aux meilleurs d'oublier la rigidité apparente de la méthode. Ils arriveront à s'en détacher, comme le virtuose se concentre sur le rythme et la musicalité de la partition, sans penser à la position de ses doigts sur le clavier. Or, la méthode a pour principaux avantages de se centrer sur les éléments essentiels du recrutement ; elle est rationnelle ; elle respecte les candidats en tant que personne ; elle évite les lieux communs et le recours hasardeux au « feeling ».

Le meilleur des maquillages n'est-il pas celui qui met en valeur la beauté de la femme sans qu'on sache qu'elle est maquillée ? Les recommandations proposées seront d'autant plus efficaces qu'on les exercera sans que le candidat ne s'en aperçoive.

Des « exceptions » pour les candidats « exceptionnels »

Il en est parfois des candidats comme des grands créateurs ou des génies de la science. Les grands savants remettent en cause les théories ou les règles en place. Les candidats exceptionnels sortent souvent du cadre. Il faut alors reconnaître leur caractère exceptionnel et savoir les recruter.

La qualité des candidats suit une courbe de Gauss en forme de cloche : à gauche, il y a les candidats vraiment médiocres ; au centre, l'immense majorité, qui a besoin d'une évaluation méthodique et pertinente pour être recrutée ou rejetée ; à l'extrémité droite il y a les « happy few », futurs grands potentiels et dirigeants, qui ne répondent pas forcément aux critères moyens.

La « libre invention de l'esprit humain »

Chaque interviewer est différent. Chacun adaptera la méthode Sherlock Holmes à son propre style, pourvu que l'on s'attaque au cœur des entretiens avec objectivité et lucidité.

« Pour la création d'une théorie, la simple collection des phénomènes répertoriés ne suffit jamais. Il faut toujours lui ajouter une libre invention de l'esprit humain qui attaque le cœur du sujet ».
Albert Einstein, The Human Side, par Helen Dukas et Banesh Hoffmann, Princeton University Press, 1979.

Accepter la différence

Nous avons tendance à recruter des gens qui nous ressemblent et nous avons des affinités avec ceux qui partagent les mêmes loisirs, goûts ou passions.

Si les managers veulent recruter des individus performants dans les missions qu'on souhaite leur confier, ou des individus à potentiel, c'est-à-dire capables d'évoluer dans la hiérarchie, leurs avis changent quand il s'agit de céder la place à ces « potentiels ».

De plus, si beaucoup recherchent des individus indépendants, ils n'aiment pas les collaborateurs qui contestent leur propre autorité.

Or, la complémentarité est une force. Les équipes gagnantes seront celles qui sauront développer les synergies entre leurs membres, stimuler la complémentarité des compétences et gérer les différences.

L'allégement des structures hiérarchiques favorisera l'esprit d'innovation. Le recrutement changera. Les candidats créatifs seront de plus en plus recherchés. Ils s'exposeront à une large gamme de perspectives différentes et d'écoles de pensées culturelles, organisationnelles et personnelles. Les dirigeants, les cadres et tous les employés devront s'ouvrir aux autres. Les vrais sauts créatifs se produiront à l'intersection de plans de pensées auparavant non reliés. Les entreprises devront accepter de recruter des personnalités différentes, voire opposées. Il faudra confier des missions à des professionnels venant d'autres cultures. Par exemple, XEROX recrute déjà des anthropologues pour travailler avec ses équipes d'informaticiens.

Car la monotonie, c'est la mort.

Sur le plan biologique, la « néotonie » est la coexistence, chez un animal, de l'aptitude à se reproduire et de caractères larvaires. La néotonie de l'être humain est sa capacité à rester curieux, même à un âge avancé.

> *« Rester durablement un être en devenir, cette propriété si essentielle à la condition humaine de l'homme authentique, est sans aucun doute un don que nous devons à la néotonie de l'être humain »*
> **Konrad Lorentz.**

Cette curiosité doit vaincre la monotonie : la monotonie des idées (« la pensée unique »), des produits, des services, des marchés, des personnalités et des profils recrutés, etc. Au contraire, la diversité, depuis le big-bang, est source de créativité et de richesse.

Cultiver la passion du recrutement

L'élévation du niveau des ressources humaines, et donc des performances de l'entreprise, dépendent de la qualité du recrutement et de ceux qui en sont les auteurs. Selon leurs compétences, leurs méthodologies et les moyens utilisés, les choix qu'ils feront à l'issue des entretiens seront plus ou moins pertinents. La qualité du recrutement est proportionnelle à l'expertise de ceux qui recrutent.

Mais au-delà de toutes les qualités d'écoute, de respect d'autrui, de sens de l'organisation, d'aptitudes à l'empathie, d'ouverture d'esprit ou de tolérance, on ne saurait passer sous silence un atout essentiel pour bien conduire un entretien de recrutement : la passion ; la passion des autres, la passion de découvrir des personnalités différentes, la passion de sélectionner le bon candidat.

« La passion est comme la voile d'un bateau ; elle peut le faire chavirer, mais sans elle, il ne peut avancer »

Voltaire.

Pour bien recruter les hommes et les femmes, il faut les aimer.

*L*e mémento
du recruteur

✔ **Les réponses à huit questions de base**

✔ **Bibliographie**

✔ **Index**

Les réponses à huit questions de base

Qu'est-ce que le potentiel ?

Dans beaucoup d'entreprises, la gestion des ressources humaines distingue l'appréciation des résultats (souvent menée en fin d'année, qui évalue les performances des collaborateurs par rapport aux objectifs fixés en début d'année), de l'évaluation du potentiel. L'appréciation des résultats juge les actions. L'évaluation du potentiel juge les hommes.

Le potentiel est la somme d'un certain nombre de compétences (aptitude à communiquer, à diriger, à organiser, etc.) et de l'intelligence (capacité d'analyse, esprit de synthèse, clairvoyance, intuition, créativité, etc.).

Potentiel

=

Compétences	+	**Intelligence**
– connaissances des langues		– capacité d'analyse
– compétences commerciales		– esprit de synthèse
– compétences financières		– vision
– aptitude à communiquer		– créativité
– aptitude à diriger		– intuition
– etc.		– etc.

Globalement, on peut dire que le potentiel d'un individu, c'est-à-dire sa capacité à évoluer vers un poste hiérarchiquement plus élevé, n'est pas, selon nous, une donnée figée et absolue. Le principe de Peters (« le seuil d'incompétence ») n'est pour nous que relatif.

De même que la motivation d'un individu peut varier selon le contexte et évoluer avec le temps ou que les compétences peuvent augmenter selon la formation dispensée ou les expériences vécues, le potentiel d'un individu dépend de plusieurs facteurs.

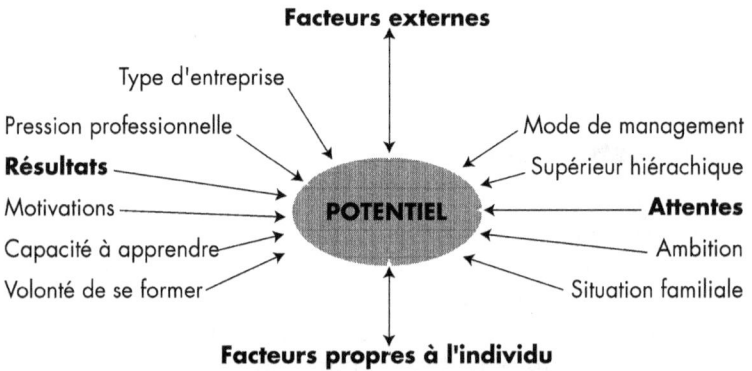

Facteurs externes

Type d'entreprise

Pression professionnelle

Résultats

Motivations

Capacité à apprendre

Volonté de se former

POTENTIEL

Mode de management

Supérieur hiérachique

Attentes

Ambition

Situation familiale

Facteurs propres à l'individu

Facteurs influençant le potentiel

Cela veut donc dire qu'un individu peut être jugé à faible potentiel dans une entreprise donnée si on lui confie des missions peu motivantes ou inadaptées à ses compétences ou ses motivations, et pourra avoir un fort potentiel dans une autre entreprise dont les modes de management lui conviendront mieux.

Nous devons être résolument optimistes quand il s'agit d'évaluer le potentiel professionnel des individus. Celui-ci est souvent plus élevé que ne le laisse supposer la réalité quotidienne. Certains diront que, placés dans des situations idéales au niveau de l'environnement, tout individu possède un potentiel de développement illimité.

L'entretien de recrutement à la Sherlock Holmes, permet de mieux évaluer l'adéquation par rapport à un poste ou à une mission que le potentiel d'un candidat dans l'absolu.

Il est néanmoins pertinent pour évaluer le potentiel. Dans tous les cas, une entreprise ne recrute presque jamais seulement sur le potentiel. Il faut bien que le candidat prenne un poste ou un projet, quels qu'ils soient, quand il sera embauché, même après une période d'intégration ou de formation. A terme, quoiqu'il arrive, il sera jugé sur ses résultats ou ses performances. S'il n'est pas performant durant ses premières missions, il ne « survivra » pas dans l'entreprise et son prétendu potentiel sera sérieusement revu à la baisse.

On pourra se consoler en se disant que le potentiel d'un individu est souvent corrélé à l'atteinte de ses résultats.

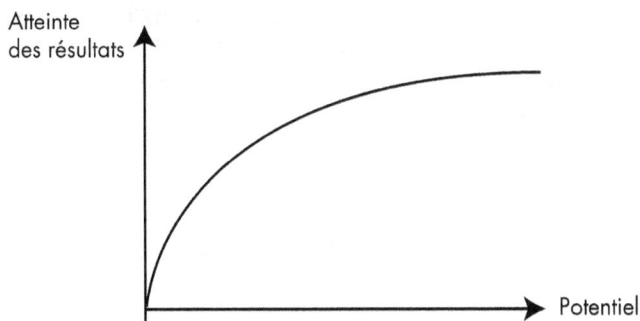

En effet, le plus souvent, les individus à fort potentiel sont ceux qui atteignent le plus facilement leurs objectifs. Inversement ceux qui atteignent régulièrement, voire systématiquement leurs objectifs, sont souvent ceux qui ont le plus fort potentiel.

Néanmoins, l'évaluation du potentiel ne peut coller intégralement à l'appréciation des résultats.

Tout d'abord, certains individus à potentiel peuvent connaître des échecs sur certaines missions ou sur certaines périodes.

Ensuite, au contraire, certains individus à potentiel moyen peuvent atteindre des objectifs moyennement ambitieux ou sur lesquels leur contribution directe a été faible.

Enfin, un individu qui a atteint tous ses objectifs dans un poste donné n'est pas forcément apte à en occuper un autre supérieur ou à être promu. Ce principe de Peters sur le seuil d'incompétence reste valable quel que soit le niveau hiérarchique concerné. Par exemple un très bon ouvrier peut faire un médiocre contremaître. De même un excellent vendeur peut être incapable de manager d'autres vendeurs. On sait aussi les difficultés qu'éprouve un entrepreneur, alors qu'il a réussi à créer et développer son entreprise lors d'une phase pionnière, à se transformer en dirigeant gestionnaire d'une grande structure en phase de maturité.

Cela signifie simplement que les compétences techniques et cognitives diffèrent selon les postes.

Nous incitons tous les interviewers, y compris les plus performants, à rester prudents quand il s'agit d'évaluer le potentiel d'un candidat. En une heure d'entretien, il est très aléatoire de juger l'intelligence ou certaines compétences cognitives, comme la mémoire par exemple.

Quels sont les critères pour évaluer le potentiel ?

Le leadership

Le leadership est lui-même un critère peu aisé à définir. Le leadership renseigne sur la capacité de l'individu à être un dirigeant. C'est sa capacité à influencer les choses et à inspirer les hommes. Le leadership est très souvent la somme de quatre qualités :

– la compétence professionnelle ;
– le dynamisme inné ;
– le respect fondamental d'autrui ;
– l'intérêt sincère porté aux hommes.

Dans le recrutement d'un manager, le leadership est un critère nécessaire mais non suffisant. Mais c'est aussi un critère éliminatoire dans l'identification des futurs dirigeants. En soi il ne suffit pas à décider du potentiel, mais s'il fait défaut à un individu, celui-ci aura sans doute des potentialités de promotion plus limitées.

L'imagination

Dans son recueil de poèmes « *Charmes* », Paul Valéry cite deux vers de Pindare en épigraphe du « *Cimetière marin* » :

« *Ô mon âme, n'aspire pas à la vie immortelle,
mais épuise le champ du possible* ».

L'imagination et la créativité sont la capacité à élargir le « champ du possible » et à créer de nouvelles possibilités sans jamais cesser d'être pragmatique.

Aujourd'hui, pour gagner la guerre concurrentielle, nous pensons que l'imagination, la créativité et la capacité à inventer et innover sont les premières qualités des dirigeants. Il faut ressortir le vieux slogan de mai 68 : « L'imagination au pouvoir », sans ses vieux démons. La croissance économique exige un effort d'imagination individuel et collectif.

L'individu « imaginatif » apporte des améliorations et des changements dans ses missions, et ce d'une façon caractéristique et nouvelle (même pour les tâches de routine). Il est surprenant et original dans l'approche des problèmes. Il dit rarement : « Ce n'est pas possible ». Il montre de l'intérêt pour les idées des autres, sans être complaisant ou indifférent.

Le recul

Le recul est l'aptitude à prendre de la hauteur vis-à-vis des problèmes et à les situer dans un contexte élargi, en repérant les conséquences de portée plus générale.

Les individus ayant ces qualités essaient d'abord d'avoir une vue d'ensemble des données disponibles et plus ou moins cohérentes. Ils vont directement au cœur des problèmes car ils interprètent les faits dans leur ensemble.

L'analyse et la synthèse

L'analyse est l'aptitude à transformer, décomposer et à reformuler un problème d'apparence complexe de telle manière qu'il devienne opérationnel.

La synthèse est l'aptitude à tirer des conclusions simples et peu nombreuses d'une analyse approfondie et critique de tous les aspects significatifs d'un problème.

Le sens des réalités

C'est l'aptitude à interpréter les informations données, sur lesquelles l'individu doit fonder son action en tenant pleinement compte des réalités de la situation.

Celui qui a le sens des réalités ne croira pas ce qu'il désire, approchera les situations objectivement et verra les choses toujours dans leurs proportions véritables, même s'il est question d'un engagement personnel ou émotionnel. En élaborant et en exécutant ses projets, il ne surestimera ni ne sous-estimera ni ses capacités ni celle des autres.

Un opérationnel peut-il devenir un expert psychologue en quelques leçons ?

La réponse est non. Le problème du recours aux méthodes issues de la psychologie avancée est qu'elles sont souvent théoriques, complexes. Elles requièrent des connaissances en psychologie, voire en psychanalyse, réservées aux spécialistes. Elles s'adressent à un public averti qui, pour les appliquer, doit maîtriser des techniques complexes, parfois à la frontière du médical, et non éprouvées en entreprise. On ne peut pas demander à un opérationnel de la finance ou des ventes, ou un patron de PME de devenir en quelques leçons, un expert des logiques de la communication ou de l'analyse transactionnelle. Cette dernière par exemple, a surtout fait ses preuves dans les thérapies en permettant de rendre compte des relations entre individus et de les modifier. Il y a peu d'exemples en entreprise où l'analyse transactionnelle ait servi de thérapie réelle. L'interprétation du langage corporel à l'aide de la programmation neurolinguistique exige des années d'étude et de pratique assidues. Et, il faut le redire, le langage corporel durant un entretien ne renseigne pas sur les compétences d'un candidat ni sur ses comportements habituels en dehors du cadre théâtralisé de l'entretien d'embauche.

Tout cela ne veut pas dire que la méthode de l'entretien à la Sherlock Holmes ne nécessite pas un minimum d'investissement personnel avant et pendant l'entretien.

Toute acquisition méthodologique requiert un minimum de bases théoriques et surtout de l'entraînement et du coaching. Mais la méthode proposée permet d'obtenir des progrès spectaculaires dès la première utilisation lors du premier entretien. Ce n'est pas, certes, une recette miraculeuse qui élimine tout risque d'échec. En matière de recrutement, l'infaillibilité n'existe pas, mais elle a pour limite celle de notre propre manque de rigueur et de travail.

La méthode préconisée s'appuie sur certains des grands progrès réalisés en sciences humaines mais n'exige pas de devenir un « psychologue professionnel. » Au-delà de la psychanalyse, les pratiques thérapeutiques utilisées par certaines écoles américaines, comme l'école de Palo Alto, ont irrigué avec succès le monde du travail. Les études sur le comportement et les travaux de Palo Alto ont été appliqués aux comportements des collaborateurs et de leurs chefs et à la motivation au sein des organisations. Ces théories de la communication entre individus et la description des systèmes de relation s'appliquent ainsi parfaitement aux structures de l'entretien de recrutement qui est essentiellement une relation entre deux personnes.

Les compétences et les aptitudes sont-elles innées ou peuvent-elles s'acquérir ?

Deux écoles de pensée philosophiques ou psychologiques s'opposent quant à la réponse à fournir à cette question. La psychologie est la science du « comportement objectivement observable des êtres humains ».

Selon la psychologie différentielle, les aptitudes seraient innées et ancrées dans les personnes, et mesurables indépendamment de tout contexte relationnel. Considérant les aptitudes des personnes comme données, elle s'intéresse essentiellement aux différences d'aptitude au sein d'une population et aux méthodes permettant de les assurer.

Le comportementalisme (ou « behaviourisme »), au contraire, met l'accent sur la flexibilité du comportement humain face à l'environnement. Le comportement est la manière dont une personne quelconque réagit aux stimulations du milieu naturel ou social dans lequel il vit. Au sens étroit donné par Watson, la notion de comportement exclut radicalement toute référence à la conscience, car celle-ci, jugée trop subjective, ne peut être un objet scientifique.

Le behaviourisme s'oppose résolument à la méthode d'observation intérieure, ou introspection.

Selon nous les compétences peuvent s'acquérir.

Qu'est-ce que la motivation ?

Il est bon de rappeler ici quelques règles simples et leurs ressorts de base.

Le XXᵉ siècle a été le siècle des théories sur l'étude des motivations humaines. Nous savons depuis les études réalisées par Maslow, qu'il existe une hiérarchie des besoins humains. La théorie de Maslow, qui date de 1943, classe les besoins en cinq grandes catégories sous la forme d'une pyramide, dit « pyramide de Maslow » :

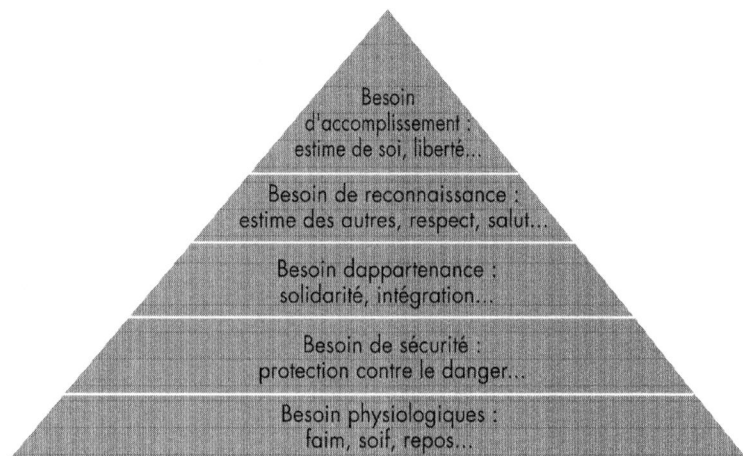

Pyramide de Maslow

Les besoins supérieurs, en haut de la pyramide, ne motivent que si les besoins inférieurs sont déjà comblés : si l'on n'a rien à manger, on recherche peu le statut social. A l'inverse, un besoin entièrement satisfait ne motive plus et il faut donc passer à l'étage supérieur de la pyramide.

Bien que contestée par les théories modernes, la pyramide de Maslow reste la référence des études des besoins et motivations humaines. Certains théoriciens comme Alderfer, identifient trois catégories de besoins (besoins d'existence, de sociabilité et de croissance) de même que Mc Chelland (besoins d'accomplissement, de pouvoir et d'affiliation) ; Herzberg distingue, lui, les facteurs d'hygiène des facteurs de motivation pure. Mais que les théories soient simplistes ou plus évoluées, le principe d'une hiérarchisation des besoins ne semble pas contestable.

Les acteurs économiques ont aussi la responsabilité de créer les conditions d'évolution vers le haut de la pyramide et de préparer un futur meilleur que le présent.

Dans l'exercice de la vie professionnelle, on peut distinguer six grands types de motivation professionnelle :

– le confort matériel (l'argent...),
– la sécurité (les structures claires, l'ordre...),
– le sentiment d'appartenance (le besoin de relations entre individus,...),
– le besoin de reconnaissance,
– le pouvoir (responsabilités, contrôle des événements et des autres,...),
– l'autonomie (la liberté, la réussite par soi-même, l'indépendance...).

À partir de ces six critères, on peut dresser des profils de motivation des collaborateurs.

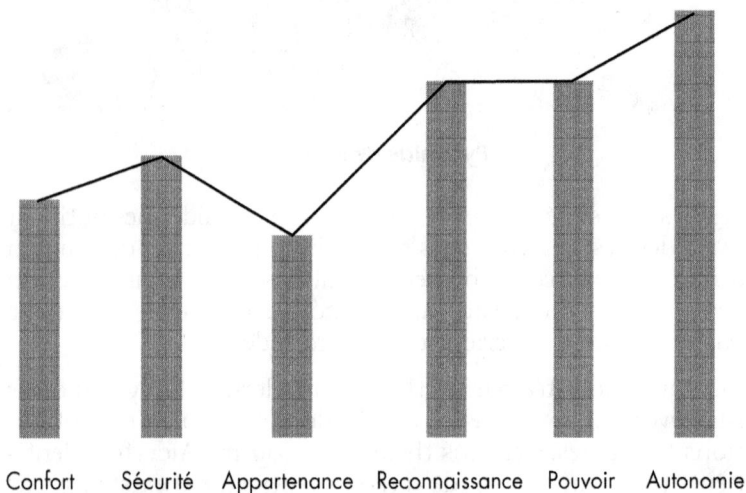

Confort   Sécurité   Appartenance   Reconnaissance   Pouvoir   Autonomie

Profil de motivation de l'entrepreneur

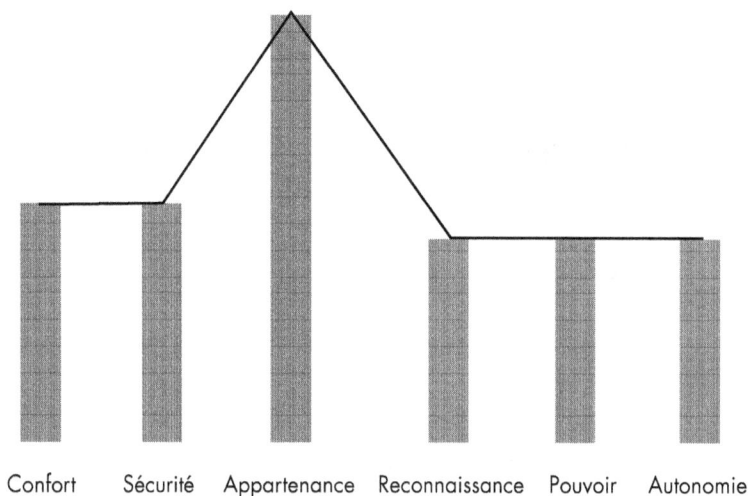

Confort   Sécurité   Appartenance   Reconnaissance   Pouvoir   Autonomie

Profil de motivation d'un simple employé

Il est important de noter que le profil de motivation d'un individu n'est jamais figé mais évolue en fonction de quatre critères fortement discriminants :

- l'âge : un débutant sera forcément ambitieux et recherchera plus le pouvoir et l'autonomie que le confort et la sécurité. Ce sera l'inverse pour une personne âgée ;
- la situation familiale : un individu ayant trois enfants recherchera plus l'appartenance et la sécurité qu'un célibataire ;
- les origines sociales ;
- le type de fonction : un employé de banque est fortement axé sur le confort et la sécurité. Un vendeur a un besoin fort de pouvoir et d'autonomie.

Mais la connaissance des différentes motivations qui peuvent animer les salariés ne constitue pas forcément un levier opérationnel pour les managers. C'est souvent le reproche essentiel que l'on fait aux théories sur la motivation : elles sont peu exploitables dans la réalité quotidienne des missions. Ce qui importe à ce niveau, c'est de connaître les conditions à la motivation des collaborateurs par rapport aux objectifs qu'on leur fixe ou aux missions qu'on leur confie.

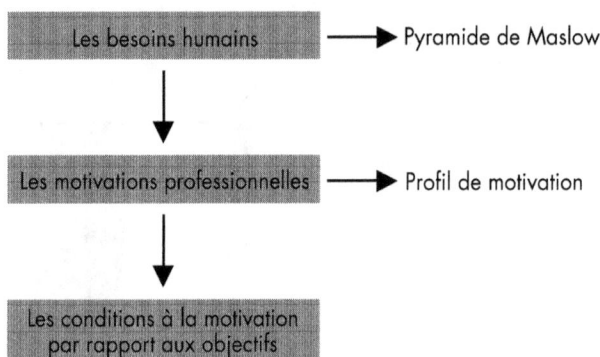

Il existe selon nous trois conditions essentielles à la motivation par rapport à des objectifs fixés : la faisabilité, la perception du lien entre l'activité et le résultat, et la perception du lien entre le résultat et les attentes conscientes ou non.

La première condition est la faisabilité, c'est-à-dire la possibilité d'atteindre l'objectif. L'objectif sera d'autant mieux atteint et la mission d'autant mieux remplie que le collaborateur dira ou se dira en lui-même : « C'est possible ».

La deuxième condition est la perception et la vision du lien direct entre l'activité du ou des collaborateurs et le résultat qu'on lui ou leur demande d'atteindre. Il n'y a rien de plus démotivant que de penser que son travail ne sert à rien ou est inutile.

La troisième condition est la perception du lien entre l'atteinte des résultats et les attentes du collaborateur. Les collaborateurs sont motivés par des attentes qui peuvent être soit explicites (ou conscientes) soit implicites (ou inconscientes). Par exemple un collaborateur peut souhaiter atteindre un objectif parce que c'est pour lui la promesse d'une promotion ou d'une augmentation de salaire, ce qui correspond dans ce cas à la satisfaction d'un besoin conscient. Le besoin de reconnaissance, au contraire, est très souvent une attente moins consciente qu'on a du mal à s'avouer à soi-même.

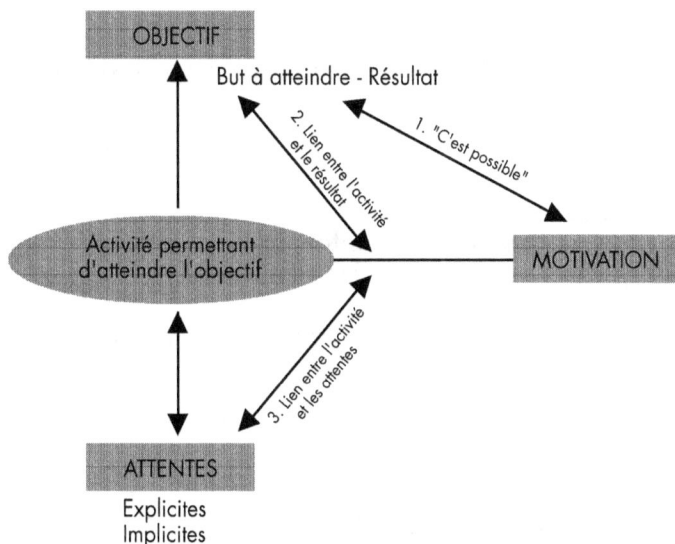

Les conditions de la motivation

L'atteinte d'un résultat n'est pas une finalité en soi pour la plupart des individus. Nous dirons que « l'amour du travail bien fait » est une denrée rare dans le milieu professionnel ; ce n'est pas la satisfaction immédiate d'un besoin mais le moyen d'en satisfaire un, explicite ou implicite.

Qu'est-ce que l'autonomie ?

L'autonomie d'un collaborateur, au sens large, recouvre sa capacité à atteindre les objectifs qui lui ont été fixés ou qu'il s'est fixé lui-même. Le niveau d'autonomie d'un individu se mesure aux besoins qu'il a d'être aidé par les autres ou son chef. Pour simplifier, nous dirons qu'un individu qui remplit ses missions et résout les problèmes sans l'aide de son chef est autonome.

L'autonomie n'est pas une notion abstraite. Elle est la somme de la compétence et de la motivation.

AUTONOMIE = COMPÉTENCE + MOTIVATION

La compétence est la capacité de l'individu à résoudre les problèmes et à faire le travail qu'on lui a confié. Les compétences peuvent être :

- humaines (capacité à gérer les équipes pour un chef de vente, à recruter pour un responsable du recrutement, à écouter pour un responsable du personnel, etc.) ;
- techniques (connaissance informatique, langues étrangères, permis de conduire des poids lourds, comptabilité, etc.) ;
- spécifiques (capacité à nettoyer une machine-outil, à réparer un système, etc.).

La compétence regroupe le savoir et le savoir-faire. Un individu ne peut être autonome s'il n'est pas compétent, c'est-à-dire s'il ne sait pas faire et donc s'il ne peut pas faire. On ne peut pas demander à quelqu'un de conduire une voiture s'il ne sait pas conduire. On ne peut pas demander à quelqu'un de copier une disquette informatique s'il ne sait pas utiliser un ordinateur. De même il est risqué de faire faire une présentation majeure devant un vaste auditoire à quelqu'un qui n'a jamais parlé en public. La compétence n'est donc pas seulement le savoir (la connaissance, la théorie) mais aussi le savoir-faire (l'expérience, la pratique).

Compétence
$$\begin{cases} \text{Savoir + Savoir-faire} \\ \text{Connaissance + Expérience} \\ \text{Théorie + Pratique} \end{cases}$$

On voit que les débutants sont le plus souvent peu autonomes. Pour manager les débutants ou des personnes peu autonomes en raison de leur manque de compétences, les managers doivent « enseigner ». Ils doivent non seulement bien montrer le but à atteindre, mais indiquer également comment atteindre ce but. Dans le cas de la copie de la disquette informatique, on apprendra, « pas à pas », comment allumer l'ordinateur, chercher le fichier, introduire la disquette, etc.

© Éditions d'Organisation

Le manager cherchera à découper la mission à accomplir, en de nombreuses sous-tâches ordonnées et expliquées.

La deuxième condition à l'autonomie est la motivation. Un individu, même s'il est compétent ne peut pas atteindre ses objectifs ou faire son travail, s'il n'est pas motivé, c'est-à-dire s'il ne veut pas faire.

Les individus sont rarement complètement démotivés, c'est-à-dire qu'ils refusent rarement de vouloir faire. Mais quand ils sont démotivés, les collaborateurs ne font que partiellement et ne donnent pas le meilleur d'eux-mêmes, c'est-à-dire qu'ils n'utilisent pas entièrement les compétences qu'ils possèdent. Les personnes démotivées font aussi mal leur travail. Dans les sites de production, les défauts de qualité sont souvent dus à la démotivation engendrée par la répétitivité des tâches.

Un collaborateur démotivé ne fait que le strict minimum et s'en tient exactement à ce que son chef lui demande de faire. Le comportement d'un individu démotivé peut être caricaturé par le dialogue suivant – pas si imaginaire – entre un chef et son collaborateur :

« As-tu copié la disquette informatique ? »
« Non. »
« Pourquoi ? »
« Parce que l'ordinateur était éteint. »
« Pourquoi ne l'as-tu pas allumé ? »
« Parce que tu m'as demandé de copier la disquette, pas d'allumer l'ordinateur. »

Un collaborateur non motivé n'est plus autonome car le moindre obstacle le fait capituler.

En résumé, il existe trois cas où un collaborateur n'a pas d'autonomie et a besoin d'être encadré de très près :

– il est compétent mais pas motivé : « Je sais faire mais je ne veux pas »
– il est motivé mais pas compétent : « Je veux faire mais je ne sais pas »

– il n'est ni compétent ni motivé : « Je ne sais pas et je ne veux pas faire ».

L'action (« le faire ») découle toujours d'une compétence (« le savoir ») et d'une motivation (« le vouloir »).

Les Anglo-Saxons disent : « I can + I want = I do ».

Face à ces cas, le rôle du manager est :

– dans le premier cas, le manager doit axer tout son management sur la motivation du collaborateur. Le manager doit alors avant tout jouer un rôle d'animateur et de leader. Il doit expliquer l'objectif à atteindre et insister sur les raisons pour lesquelles le travail du collaborateur est nécessaire à l'atteinte du résultat, ce qui permettra au collaborateur, d'en tirer bénéfice ;

– dans le deuxième cas, le manager doit axer son management sur le développement des compétences du collaborateur. Il joue avant tout un rôle de formateur, de pédagogue et d'expert. Il explique au collaborateur comment faire pour atteindre l'objectif ;

– dans le dernier cas, le manager doit faire face à une situation plus difficile, voire à un sérieux problème. Soit le manager jugera que le collaborateur peut acquérir un niveau minimum de compétence pour accomplir la tâche et peut retrouver une certaine motivation au travail, et donc poursuivre sa mission ; soit le manager jugera qu'il y a inadéquation entre le poste occupé ou la mission confiée et le collaborateur choisi et donc le manager devra soit confier une autre mission au collaborateur, soit dans les cas les plus « désespérés » se séparer du collaborateur.

Mais cette mesure doit toujours être considérée comme un pis-aller, et seulement quand toutes les autres mesures possibles pour développer l'autonomie du collaborateur, ont été tentées (augmenter sa motivation ou améliorer ses compétences).

Un directeur logistique à qui un chef d'équipe venait recommander le licenciement d'un membre de l'équipe avait demandé :

« As-tu tout fait pour améliorer ses résultats ? »
« Oui j'ai tout tenté, il est incompétent et totalement démo-
tivé. »
« Es-tu sûr d'avoir tout tenté ? »
« Ça fait six mois que j'ai tout essayé. »
« Essaie encore ! »

Le licenciement d'un collaborateur est toujours un échec pour
un manager. Il n'y a pas lieu d'en être fier. Cela ne veut bien
sûr pas dire qu'il ne faille jamais se séparer de certains collaborateurs, quand ceux-ci n'ont ni l'adéquation professionnelle
ni la motivation pour la mission à remplir. La ténacité du
manager pour développer l'autonomie de ses collaborateurs a
des limites. En management, la ténacité est une grande qualité,
l'entêtement un énorme défaut.

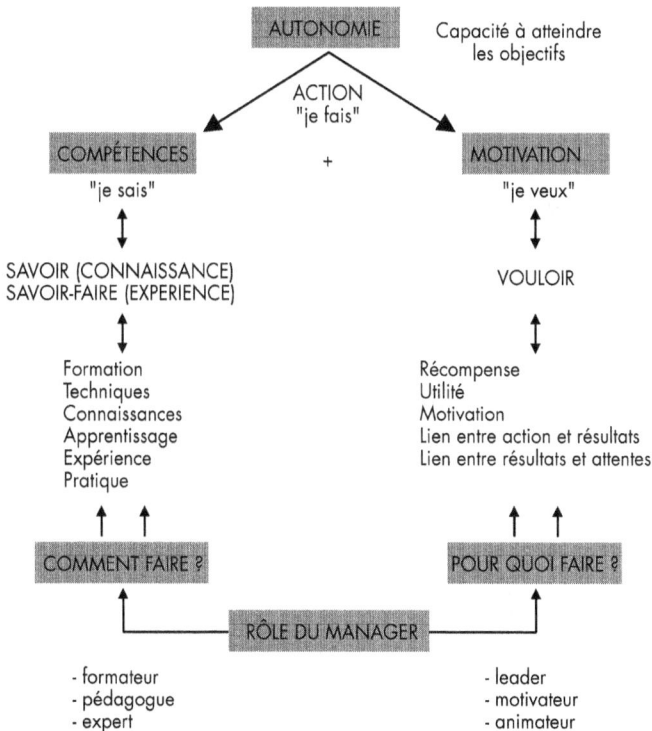

Les ressorts de l'autonomie

Les différents niveaux d'autonomie

Nous avons vu qu'il existait plusieurs types d'autonomie selon que les individus sont compétents et motivés.

Globalement, on peut dire qu'il y a trois niveaux d'autonomie :

- autonomie faible ou nulle : le collaborateur est faiblement autonome, il n'est pas capable d'atteindre ses objectifs et d'accomplir la mission confiée sans le soutien de son chef (c'est le cas des débutants par exemple, ou des personnes occupant un poste nouveau et différent, ou exerçant un nouveau métier) ;
- autonomie partielle : le collaborateur est presque capable d'atteindre ses objectifs et d'accomplir sa mission. Il est en tout cas capable de définir les moyens pour atteindre les différents objectifs ;
- autonomie totale : le collaborateur n'a pas besoin du chef pour accomplir sa mission. Il est même capable de savoir ce qu'il faut faire (le but à atteindre, le « quoi ? ») et comment il faut le faire (les moyens, la méthode, le « comment ? »).

Une autre manière d'identifier le niveau d'autonomie d'un collaborateur est donc de s'intéresser à sa capacité à fixer les objectifs et les moyens.

- Un collaborateur peu ou pas autonome est celui à qui l'on doit fixer les objectifs et les moyens.
  Par exemple : le manager dit au collaborateur débutant : « Pour faire la présentation, tu copieras la disquette X, sur le fichier Y de l'ordinateur central, en cliquant sur copie et fichier etc. » ; ou le manager au chef de produit : « Pour relancer la marque X, nous devons lancer un nouveau format plus grand, avec un nouveau parfum, etc. »
- Un collaborateur partiellement autonome est celui à qui l'on doit fixer les objectifs mais qui se fixera lui-même ses moyens : « Tu fais la présentation » ou le manager au chef de produit : « Il faut relancer la marque X ».
- Un collaborateur autonome est celui qui est capable de se fixer lui-même ses objectifs et de définir ses moyens pour

atteindre ses objectifs. Le collaborateur ayant atteint ce niveau d'autonomie vient solliciter l'accord du manager sur les objectifs et les moyens. Le rôle du manager se cantonne alors, ce qui n'est pas la chose la plus aisée, à contrôler si les objectifs sont bons et si les moyens proposés par le collaborateur sont les meilleurs ou les mieux adaptés. En fait, dans ce cas de figure, les objectifs sont fixés ensemble.

Autonomie	Objectifs	Moyens	Rôle du manager
Faible	Fixés par le manager	Fixés par le manager	Le manager dicte ce qu'il faut faire et comment le faire
Partielle	Fixés par le manager	Fixés par le collaborateur ou délégués au collaborateur	Le manager fixe ce qu'il faut faire et approuve et contrôle les moyens choisis
Totale	Fixés par le collaborateur	Fixés par le collaborateur	Le manager valide les objectifs. Le manager approuve et contrôle les moyens choisis.

Les trois niveaux d'autonomie

Comment le cerveau humain fait-il ses choix ?

Si le vingtième siècle a permis de mieux comprendre le mécanisme des besoins humains et leur hiérarchisation, il n'a pas répondu à la question de savoir si on peut créer des besoins. Marcuse dans « *L'homme unidimensionnel* », en 1969, dénonçait les travers de la société de consommation qui, une fois les besoins satisfaits, ne cessait d'en créer de nouveaux.

La création de besoins, artificiels ou réels, renvoie à la notion de choix.

Comment l'être humain fait-il ses choix ? Comment prend-il ses décisions ? La philosophie et la science n'ont pas encore percé les mystères du déterminisme et du fonctionnement du cerveau. Les choix résultent-ils d'une ou de plusieurs causes ?

Une première école de pensée nous explique que l'homme fait ses choix en fonction d'une seule et unique raison ; les autres raisons de ses décisions, de ses actes ou de ses jugements ne sont que des prétextes *a posteriori* pour justifier ses choix et atténuer ce que les psychologues appellent la dissonance cognitive.

Une autre école de pensée nous dit que les choix humains sont la somme complexe de motivations explicites ou implicites, conscientes ou inconscientes, fruits parfois du hasard ou de la nécessité.

La création de besoins, si elle est possible, signifierait que l'homme reste un animal dépendant de la société dans laquelle il évolue. Créer des besoins, au-delà du débat philosophique qu'il suscite, impliquerait, d'un point de vue neurobiologique, la création de stimuli spécifiques sur les neurones. Seule une connaissance approfondie du cerveau humain permettrait de réaliser de tels prodiges.

Le XXIe siècle sera sans doute le siècle de la découverte du cerveau humain, de son fonctionnement interne et de son interaction avec l'environnement. Le cerveau humain est une des dernières « *terra incognita* » : une formidable machine à penser et agir, aboutissement de milliards d'années d'évolution vers plus de complexité. Cette prochaine aventure que constituera la découverte du cerveau humain, n'en est qu'à ses balbutiements aujourd'hui. Comme toute exploration ou expédition, elle sera semée d'embûches matérielles et éthiques.

L'exploration du cerveau, à n'en pas douter, soulèvera des questions politiques et morales qui vont au-delà du savoir scientifique. Les scientifiques eux-mêmes, confrontés à un organe objet de tant de mythes, de légendes et de mystères, ne pourront rester indifférents ou neutres, à l'utilisation qui sera faite de leurs découvertes. Pourront-ils expliquer les mécanismes du choix et des décisions, et donc des besoins, par des raisons neurobiologiques, génétiques ou moléculaires ? Et pourront-ils ensuite les influencer ?

Quels sont les douze types de mauvais recruteurs ?

Voici quelques surnoms que l'on pourrait donner à certains recruteurs. Toute coïncidence avec des personnages bien réels serait évidemment fortuite.

L'interviewer « **Rank Xerox** » : il n'apprécie que les candidats qui lui ressemblent comme deux gouttes d'eau.

L'interviewer « **diseur de bonnes aventures** » : il parle pendant 80 % de l'entretien et raconte sa vie ou ses expériences.

L'interviewer « **Karcher** » : il met le candidat sous pression.

L'interviewer « **clôneur** » : il recrute toujours le même type de personnes.

L'interviewer « **Pif le chien** » : il se fie uniquement à son flair (« je le sens » ou « je ne le sens pas »).

L'interviewer « **bourreau** » : il prend un malin plaisir à dévaloriser le candidat en lui montrant ces faiblesses (« donc finalement vous êtes un piètre négociateur ? »).

L'interviewer « **marchand de sommeil** » : il est ennuyeux dans ses questions, son ton de voix est monotone, il parle de manière presque inaudible, il démontre peu d'intérêt pour la conversation.

L'interviewer « **Freud** » : il croit percer le moi profond du candidat et sa face cachée en ayant recours aux quelques vagues notions qu'il a de la psychanalyse et interprète les réponses du candidat comme il interprète les rêves de ses copains.

L'interviewer « **parent** » : il prend un ton paternaliste et fait des reproches au candidat quand les réponses ne lui conviennent pas (« comment ça vous ne connaissez pas la rentabilité de l'usine ? »).

L'interviewer « **sprinter** » : avec lui l'entretien dure moins d'un quart d'heure, il pense que les thérapies le plus courtes sont les meilleures.

© Éditions d'Organisation

L'interviewer « **Canal +** » : il faut un décodeur pour comprendre ses questions, tant elles sont complexes ou à tiroirs.

L'interviewer « **Javert** » : il ne fait jamais confiance aux candidats, qui par essence, selon lui, sont tous des menteurs.

Etc.

Bibliographie

Manager en toutes lettres, F. Aélion (Les Editions d'Organisation)

L'analyse transactionnelle, J-M Vergnaud et P. Blin (Les Editions d'Organisation)

Le développement humain dans l'entreprise, P. Jardillier (PUF)

Introduction à la psychologie du travail, J. Leplat (PUF)

Le recrutement de A à Z, J. Agard et P. Vaz (InterEditions)

ABC de la morphopsychologie, C. Binet (Jacques Graucher éditeur)

Comprendre la PNL, C. Cudicio (Les Editions d'Organisation)

Les outils de base de l'analyse transactionnelle, D. Chalvin (ESF éditeur)

Façons de recruter, F. Eymard-Duvernay et E. Marchal (Editions Métailié)

Managing recruitment, E. Sidney (Gower)

Comment juger la création publicitaire ?, P. Villemus (Les Editions d'Organisation)

Motivez vos équipes, P. Villemus (Les Editions d'Organisation)

Les cadres ; la formation d'un groupe social, L. Boltanski et L. Thévenot (Gallimard)

Traité de psychologie du travail, M. Bruchon-Schweitzer (PUF)

La sociologie cognitive, A. Cicourel (PUF)

ABC de la graphologie, Crépieux-Jamin (PUF)

De la division du travail social, E. Durkheim

Les règles de la méthode sociologique, E. Durkheim

Index

www.ingramcontent.com/pod-product-compliance
Lightning Source LLC
Chambersburg PA
CBHW050109210326
41519CB00015BA/3892